The Riel Rebellions: A Cartographic History

Le récit cartographique des affaires Riel

Compiled by William A. Oppen
Présenté par William A. Oppen

The Riel Rebellions: A Cartographic History
Le récit cartographique des affaires Riel

Published by University of Toronto Press
in association with the Public Archives of Canada and
the Canadian Government Publishing Centre

Publié par University of Toronto Press
avec la collaboration des Archives publiques du Canada et du
Centre d'édition du gouvernement du Canada

Canadian Cataloguing in Publication Data

Main entry under title:

The Riel Rebellions, a cartographic history
Le récit cartographique des affaires Riel

Text in English and French.
Bibliography: p.

ISBN 0-8020-2333-9

1. Red River Rebellion, 1869–1870 – Maps.
2. Riel Rebellion, 1885 – Maps. I. Oppen,
William A. II. Public Archives of Canada.
III. Title: Le récit cartographique des affaires
Riel.
FC3215.R54   971.05'1   C79-094166-XE
F1063.R54

Données de catalogage avant publication (Canada)

Vedette principale au titre :

The Riel Rebellions, a cartographic history
Le récit cartographique des affaires Riel

Texte en anglais et en français.
Bibliographie : p.

ISBN 0-8020-2333-9

1. Rouge, Rivière, Rébellion de la, 1869–1870 –
Cartes. 2. Riel, Rébellion de, 1885 – Cartes.
I. Oppen, William A. II. Archives publiques du
Canada. III. Titre : Le récit cartographique
des affaires Riel.
FC3215.R54   971.05'1   C79-094166-XF
F1063.R54

Contents

Table des matières

Preface

The cartographic record of the Riel Rebellions has rarely been examined in detail. This is primarily because the variety, scope, and location of relevant cartographic material have never been actively publicized. The reproduction and description of various maps in the following pages represent an attempt to rectify the situation. The maps were gathered from a wide variety of locations, but the majority of items were found within the National Map Collection.

The most significant of the maps that have come to my attention are reproduced here. Others are listed and briefly described.* Photostatic copies of most of the maps described are available from the National Map Collection.

All measurements are given in centimetres, and scales have been indicated as a representative fraction wherever possible.

I would like to thank Ed Dahl and Betty Kidd of the National Map Collection for their assistance during the preparation of this catalogue. Bruce Weedmark of the National Map Collection provided typing services. Mr Hugh Taylor, former Director of the Archives Branch of the Public Archives of Canada, offered valuable comments on the manuscript.

William A. Oppen

*If a map is not reproduced, an asterisk appears before the map number.

Préface

L'histoire cartographique des affaires Riel a rarement, sinon jamais, été étudiée en détail. Cela est dû surtout au fait que l'on ne connaissait pas vraiment la diversité ou la nature des documents cartographiques qui l'illustrent, ni l'endroit où ils se trouvaient. Les cartes reproduites et décrites dans le présent catalogue prétendent corriger cette situation. Ces cartes proviennent de diverses sources, mais la plupart font partie de la Collection nationale de cartes et plans.

Le catalogue renferme les reproductions des cartes les plus importantes qui ont été portées à notre connaissance, ainsi qu'une énumération et une brève description de certaines autres.* On peut obtenir de la Collection nationale de cartes et plans des reproductions de la plupart des cartes décrites.

Toutes les mesures sont indiquées en centimètres et les échelles ont été, autant que possible, uniformisées.

Je tiens à remercier Ed Dahl et Betty Kidd, de la Collection nationale de cartes et plans, pour l'aide précieuse qu'ils ont apportée à la préparation du catalogue. Bruce Weedmark, de la Collection nationale de cartes et plans, s'est occupé de la dactylographie. M. Hugh Taylor, autrefois chef de la Direction des archives aux Archives publiques du Canada, a bien voulu examiner le manuscrit et faire des suggestions utiles en vue de son amélioration.

William A. Oppen

*Lorsqu'une carte n'est pas reproduite, un astérisque précède le numéro de la carte.

Introduction

In 1869/70 and again in 1885 the Canadian West was the scene of armed confrontation. The first uprising, commonly referred to as the Red River Insurrection, resulted from Métis and half-breed grievances concerning the transfer of the West to Canada from its previous owner and administrator, the Hudson's Bay Company. The causes of the insurrection related to native and Métis rights, government, land surveys, and Métis fears that they would be outnumbered by legions of English Protestant settlers who would destroy their culture and way of life.

The second resistance had a much wider base and many more participants. In 1885 the Métis and half-breed factions were joined in the struggle by the full-blooded Indians of the West. Angered by the treatment handed out by the federal government, faced with starvation due to hard winters and lack of game, and fearful of the ever growing number of white settlers, many of the Indian bands of the Northwest took up arms with Riel in a last desperate, hopeless attempt to salvage something of the past.

The rebellions were basically different and yet they had much in common. Both were sparked by the lack of understanding and the misdirected efforts of the Canadian government. Neither improved the plight of the people who fought them but both left deep and painful wounds which have yet to heal completely. Finally, each was led by the same man, Louis Riel, so that the two, termed the 'Riel Rebellions,' are often studied together.

It is not the purpose of this volume to give a history of, or even describe, the Riel Rebellions. A host of authors, historians, and other scholars have expounded upon both insurrections, singly and together, and have examined them from many perspectives. The insurrections have rated as two of the most exciting events in Canada's history: two flashes of light in what seems to many to be a relatively boring past. They were the nearest Canada came to the violent opening of the American West.

It would seem that primary source materials em-

Introduction

En 1869–1870 et en 1885, l'Ouest du Canada a été le théâtre de deux soulèvements armés. Le premier, communément appelé l'insurrection de la Rivière-Rouge, résulta du mécontentement des Métis devant l'annexion au Canada des territoires de l'Ouest, qui, jusque-là, avaient appartenu à la Compagnie de la baie d'Hudson. Parmi les causes de l'insurrection, il y avait la violation des droits des indigènes et des Métis, l'attitude du gouvernement, les irrégularités commises dans l'arpentage des terres et la crainte des Métis de voir leur territoire envahi par des légions de colons anglo-protestants qui détruiraient leur culture et bouleverseraient leur mode de vie.

Le deuxième mouvement de protestation avait des motifs beaucoup plus étendus et mit en cause beaucoup plus de gens. En 1885, les Métis reçurent l'appui des Indiens de l'Ouest. Irritées par l'attitude du gouvernement fédéral à leur égard, menacées de famine par la rigueur des hivers et le manque de gibier, mécontentes, enfin, de voir arriver de plus en plus de colons blancs, nombre de bandes indiennes du Nord-Ouest prirent les armes avec Riel dans un effort désespéré pour sauvegarder quelque chose du passé.

Ces deux soulèvements, quoique fondamentalement différents, ont de nombreux points communs. Ils ont tous deux été provoqués par le manque de compréhension et de discernement du gouvernement canadien. Aucun n'a amélioré la condition des gens qui y ont participé et pourtant les deux ont causé des blessures profondes et douloureuses qui ne sont pas encore complètement cicatrisées. Enfin, les deux ont été dirigés par le même homme, Louis Riel, et sont souvent étudiés ensemble sous le nom d' « affaires Riel ».

Ce livre n'a pas pour objet de relater l'histoire des affaires Riel, ni même de les décrire. Un grand nombre d'écrivains, d'historiens et de spécialistes ont analysé ces deux insurrections, ensemble ou séparément, sous plusieurs angles. Ces soulèvements comptent parmi les événements les plus marquants de l'histoire du Canada; pour bien des gens, ce furent deux éclairs dans un firmament généralement assez terne. Ce furent, à vrai dire, les deux seules occasions où le Canada participa à la violence qui a marqué la colonisation de l'Ouest américain.

ployed in the study of the rebellions have been used and reused to the point of exhaustion and sterility. Photographs, reports, diaries, memoirs, newspapers – in short every available scrap of information – have been examined. One body of source material has, however, remained relatively untouched. The cartographic records have rarely been examined by historians concerned with the insurrections. Even more rare is their reproduction in published material. Yet these archival maps, plans, and charts contain a wealth of information that has, for the most part, been sadly neglected.

Indeed, use of archival cartographica in the study and illustration of Canadian history as a whole has been almost non-existent. Partly because of the inaccuracies in the maps themselves, and partly as a result of their scarcity, the student of Canadian history is reluctant to make use of this material in anything more than a cursory manner. Yet it is the inaccuracies and rarity of this material that make it interesting and worth while. Comparative studies of a group of maps often reveal much more than simple geographic representations. They can be used to understand and evaluate the viewpoint of the men who drew them.

The purpose of this volume is twofold. First it aims to publicize and describe a relatively unused body of source material that can and should be considered in the study of the Riel Rebellions. Secondly, and perhaps more importantly, it attempts to give an example of the way in which archival cartographica can be applied to the study and illustration of specific issues in Canadian history. It is hoped that the catalogue will stimulate students and professional historians alike to use, or at least to examine in some detail, the cartographic record of Canada and her regions in relation to specific studies and areas of interest.

For the purpose of information, although it is not the normal cartobibliographical practice, titles of English maps have been translated into French and the translated titles appear in brackets. Also, since Canada, Sessional Papers (No. 6), *Report upon the Suppression of the Rebellion in the North-West Territories* ... was published in both English and French, in some cases (Maps 20, 47, and 52) the English version of the map has been included while in others (Maps 21, 22, 29, and 35) the French version has been reproduced.

Il semblerait que les sources de base utilisées pour l'étude des soulèvements aient été exploitées au maximum. Photographies, rapports, journaux intimes, mémoires, journaux, bref, tous les éléments d'information disponibles semblent avoir été employés. Une source de renseignements, toutefois, a été délaissée : les historiens qui se sont intéressés aux insurrections ont rarement consulté, en effet, les documents cartographiques. De plus, presque aucun document de ce genre n'a été reproduit dans une publication ; pourtant, cartes, plans et tableaux historiques constituent une mine de renseignements très précieux.

En fait, la cartographie historique n'a pratiquement pas été exploitée pour l'étude et l'illustration de l'histoire du Canada en général. En partie à cause de l'imprécision des cartes et de leur rareté, les chercheurs en histoire du Canada hésitent à se servir de ces documents de façon systématique. Pourtant, ce sont justement l'imprécision et la rareté de ces documents qui en font l'intérêt et la valeur. L'étude comparative d'une série de cartes du genre fournit souvent beaucoup plus que de simples données d'ordre géographique. Elle permet de comprendre et d'apprécier le point de vue de ceux qui les ont dressées.

Le but du présent catalogue est double. Il vise d'abord à faire connaître et à décrire un groupe relativement peu exploité de sources qui pourraient et devraient servir à l'étude des affaires Riel. De plus, et c'est là un aspect encore plus important peut-être, il cherche à montrer comment la cartographie historique pourrait être utilisée pour l'étude et l'illustration de certains points de l'histoire du Canada. Nous espérons qu'il encouragera les étudiants et les spécialistes en histoire à utiliser, ou du moins à étudier plus sérieusement, les documents cartographiques ayant trait au Canada et à ses diverses régions dans le cadre d'études précises et en fonction de leurs centres d'intérêt.

Contrairement à la pratique habituelle en matière de cartobibliographie, les cartes ont été traduites en français, à titre d'information, et les titres français placés entre crochets. Aussi, parce qu'on a publié en anglais et en français le *Rapport sur la répression de l'insurrection dans les Territoires du Nord-Ouest* ... Canada, *Documents parlementaires* (n° 6), nous avons inclus dans certains cas la version anglaise de la carte (cartes n°s 20, 47 et 52) et nous avons utilisé la version française de la carte dans d'autres cas (cartes n°s 21, 22, 29 et 35).

The Red River Insurrection 1869/70

L'insurrection de la Rivière-Rouge (1869–1870)

The first Riel rising was an isolated affair that was largely confined to the south and central parts of the territory that was to become Manitoba. The event developed from a number of causes including the ineptitude of the Canadian government, racial factions within the Red River district, and fears by the mixed blood population that their way of life would be destroyed or upset by immigration from Canada.

The insurrection ran its course far across the real and imaginary frontier separating the West from civilization in the East, so the rising aroused little attention or interest among eastern Canadians prior to the execution of the Ontario Orangeman Thomas Scott. When news of Scott's 'murder' reached eastern Canada, it sparked anger and interest, but by then the resistance was practically at an end. Because of the circumstances, the output of contemporary maps relating directly to the rebellion was relatively small. Most of the maps that concern the rising were drawn shortly before or shortly after 1869/70. For the most part,

therefore, the maps described in the following pages illustrate events, such as J.S. Dennis's survey of the Red River region, that led up to the incident, or developed from it, such as the creation of the province of Manitoba. These cartographic items are nonetheless significant to the study and description of the Red River Insurrection of 1869/70.

In 1869 Lieutenant-Colonel J.S. Dennis, an Ontario land-surveyor, and William McDougall, then Minister of Public Works, were attempting to devise a survey system for the immense western lands, soon to be turned over to Canada by the Hudson's Bay Company. Finding the survey technique used in Ontario and Quebec to be quite useless for the vast prairie regions, McDougall and Dennis decided to model their system closely on the one adopted by the United States, a rectangular grid system in which the land was divided into sections, quarter-sections, and townships.

There were to be differences, however: Dennis envisaged his section as containing 800 acres rather than 640 and allowed for 64 sections in a township rather than 36.

Dennis travelled to Red River in August 1869 to inspect the country and to test his system. On the 28th he wrote to McDougall giving his final recommendations and included two maps, both of which are reproduced here (Maps 1 and 2). While awaiting final approval of his plans by the Minister of Public Works, Dennis busied himself with surveying the Winnipeg Meridian and plotting baselines. He had earlier issued assurances to Riel and the Métis that native rights, including the long river lot land-holding system used by the French half-breeds, would be respected. Dennis thought he had placated Riel; however, while the surveyors proceeded with laying out their preliminary lines, the Métis population grew increasingly restless. Faced with open threats to their way of life, forgotten by Ottawa in the negotiations over the transfer of

Dans le cas de la première affaire Riel, il ne s'est agi que d'un fait isolé, limité surtout au sud et au centre du territoire qui devait devenir le Manitoba. Ce soulèvement fut provoqué par un ensemble de facteurs, dont le manque de tact du gouvernement canadien, les conflits raciaux au sein de la colonie de la Rivière-Rouge et la crainte qu'éprouvaient les Métis de voir leur mode de vie bouleversé par les colons venus des autres régions du Canada.

Le soulèvement se situait bien au-delà de la frontière réelle et imaginaire séparant l'Ouest sauvage de l'Est civilisé et n'a guère attiré l'attention ou éveillé l'intérêt des habitants de l'Est avant l'exécution de l'orangiste ontarien Thomas Scott. Lorsque la nouvelle du « meurtre » de Scott parvint dans l'Est du Canada, soulevant à la fois intérêt et colère, le mouvement de résistance était pratiquement terminé. C'est pourquoi le nombre de cartes contemporaines à l'insurrection est relativement peu élevé, la plupart des cartes qui portent sur la résistance ayant été dressées peu avant ou peu après la période 1869–1870.

Celles décrites dans les pages qui suivent illustrent généralement des faits qui ont amené la première affaire Riel, par exemple l'arpentage de la région de la Rivière-Rouge par J.S. Dennis, ou qui en ont découlé, comme la création de la province du Manitoba. Ces documents cartographiques se révèlent néanmoins importants pour l'étude et la description de l'insurrection de la Rivière-Rouge, en 1869–1870.

En 1869, le lieutenant-colonel J.S. Dennis, arpenteur ontarien, et William McDougall, alors ministre des Travaux publics, voulurent établir un système d'arpentage pour les immenses terres de l'Ouest, que la Compagnie de la baie d'Hudson s'apprêtait à céder au Canada. Trouvant le système employé en Ontario et au Québec peu commode pour les vastes régions des prairies, les deux hommes décidèrent de s'inspirer étroitement de celui adopté par les États-Unis, qui consistait en un quadrillage rectangulaire où les terres étaient divisées en cantons, sections et quarts de section. Il devait cependant y avoir des différences, Dennis préférant établir des sections de 800 acres au lieu de 640 et des cantons de 64 sections au lieu de 36.

Dennis se rendit à la Rivière-Rouge en août 1869 pour étudier la région et mettre son système à l'épreuve. Le 28 du même mois, il écrivit à McDougall pour faire connaître ses dernières recommandations et joignit à son envoi les deux cartes reproduites ici (les cartes n° 1 et n° 2). En attendant l'approbation de ses plans par le ministre des Travaux publics, Dennis s'occupa de relever le méridien de Winnipeg et de tracer les lignes de base. Il avait assuré Riel et les Métis que les droits des indigènes, notamment le régime foncier des longs lots riverains en vigueur chez les Métis français, seraient respectés. Il croyait avoir ainsi apaisé Riel; mais tandis que les arpenteurs traçaient les lignes préliminaires, la population métisse commençait à s'agiter. Sentant leur mode de vie menacé, oubliés par Ottawa dans les négociations concernant le transfert de la Terre de Rupert au Canada par la Compagnie de la baie d'Hudson et mécontents de la nomination de William McDougall en octobre comme premier lieutenant-gouverneur canadien de la Rivière-Rouge, les Métis

Rupert's Land to Canada from the Hudson's Bay Company, and angered by the appointment of William McDougall in October as the first Canadian lieutenant-governor of Red River, the Métis decided to act. Their first move was directed against J.S. Dennis, who was told that if the surveys continued violence would be the result. Dennis wired this warning to McDougall and was told forcefully to proceed with his plans. As a result, on 11 October a survey party under Major Webb was stopped by Louis Riel and a band of eighteen followers. Riel supposedly put his foot upon the survey chain and proclaimed, 'You go no further.'

Dennis complained to the local authorities, but owing to the uneasy situation prevailing in Red River, he wisely decided not to press the matter and simply shifted his attention farther north to the English parishes where trouble was less likely to occur. For all intents and purposes, however, the Red River Insurrection of 1869/70 had begun. By opposing Dennis's survey, Riel was offering a challenge to Canada and was questioning the legality of Canadian interference in Red River before native and Métis claims had been settled. Shortly after the surveyors were stopped, Riel's council was formed and a plan of action adopted. On 21 October 1869 a proclamation barring McDougall from entering the territory was dispatched by Riel to Pembina, where the new lieutenant-governor would stop on his way to take up his duties in Red River.

On 2 November the Métis effectively took control of Red River by occupying Fort Garry. McDougall's subsequent blunders in trying to stir up resistance in Red River, while he himself rested at Pembina, only provoked the Métis to even greater opposition. On 7 December Riel captured forty-five Canadian 'resisters' led by Major Charles A. Boulton. The following day Riel established his provisional government. On 18 December McDougall retired from Pembina to St Paul, Minnesota. Events throughout January and part of February 1870 were characterized by political meetings with Canadian emissaries, the formation of a more united provisional government, and the release of most of the captives taken in December. On 17 February, however, a large number of Canadians who had unsuccessfully attempted to organize a counter-insurrection were captured as they made their way through the snowdrifts around Fort Garry. Among the party was Thomas Scott, who on 4 March was taken from his cell and executed by Riel's provisional government.

During the first three months of 1870, Riel and his provisional government began formulating plans to secure and protect the rights of the inhabitants of Red River when Canada assumed control of the colony. By February Riel was firmly convinced that those rights could only be guaranteed through the granting of provincial status. As a result of numerous meetings with emissaries from Canada, and meetings of the council and provisional government within the colony, three delegates from Red River were appointed to carry the Red River demands to Ottawa. On

décidèrent de passer à l'action. Ils s'en prirent d'abord à J.S. Dennis, l'avertissant que, si l'arpentage continuait, la violence éclaterait. Dennis fit part de cette menace à McDougall, qui lui répondit sans hésiter de poursuivre ses travaux. En conséquence, le 11 octobre, une équipe d'arpenteurs dirigée par le major Webb était arrêtée par Louis Riel et 18 de ses partisans. On raconte que Riel mit le pied sur la chaîne en disant : « Vous n'irez pas plus loin » .

Dennis adressa une plainte aux autorités locales, mais, en raison du climat qui régnait à la Rivière-Rouge, il prit la sage décision de ne pas pousser l'affaire plus loin et transporta simplement son équipe plus au nord, dans les paroisses anglaises qui présentaient moins de dangers de troubles. Il n'en demeure pas moins que cet épisode marqua le début de l'insurrection de la Rivière-Rouge, en 1869–1870. En s'opposant au travail de Dennis, Riel lançait un défi au Canada et mettait en question la légitimité de l'action du gouvernement canadien à la Rivière-Rouge avant l'extinction des titres des autochtones et des Métis. Peu après ces événements, Riel forma un conseil et établit un plan d'action. Le 21 octobre 1869, il envoya à Pembina, où le lieutenant-gouverneur McDougall devait s'arrêter avant d'aller occuper son poste à la Rivière-Rouge, une proclamation lui interdisant de pénétrer sur le territoire.

Le 2 novembre, les Métis se rendirent maîtres de la Rivière-Rouge en occupant le fort Garry. Les bévues commises ensuite par McDougall, qui, de Pembina, essayait d'amener les habitants de la Rivière-Rouge à s'opposer aux insurgés, eurent comme résultat d'irriter davantage les Métis. Le 7 décembre, Riel captura 45 « résistants » canadiens dirigés par le major Charles A. Boulton. Le jour suivant, il forma son gouvernement provisoire. Le 18 décembre McDougall quitta Pembina pour se retirer à Saint-Paul, au Minnesota. Le mois de janvier et une partie de février 1870 furent marqués par des rencontres politiques avec des émissaires du gouvernement canadien, le renforcement du gouvernement provisoire et la libération de la plupart des personnes capturées en décembre. Cependant, le 17 février, un bon nombre de Canadiens qui avaient tenté d'organiser une contre-insurrection furent pris au moment où ils s'avançaient dans la tempête, près du fort Garry. Parmi ceux-ci se trouvait Thomas Scott, qui fut exécuté par le gouvernement provisoire de Riel, le 4 mars.

Au cours des mois de janvier, février et mars 1870, lorsque la colonie fut passée sous la domination du Canada, Riel et son gouvernement provisoire commencèrent à élaborer des plans en vue d'assurer le respect des droits des habitants de la Rivière-Rouge. En février, Riel avait acquis la ferme conviction que seul l'octroi du statut de province pouvait garantir ces droits. Après de nombreuses rencontres avec les émissaires du gouvernement canadien et la tenue de réunions du conseil et du gouvernement provisoire de la colonie, trois délégués de la Rivière-Rouge furent chargés de faire valoir leurs revendications à Ottawa. Le 26 avril, ils entreprirent des négociations avec John A. Macdonald et George-Étienne Cartier, qui aboutirent à l'adoption de l'Acte du Manitoba et à la création de la nouvelle province du Manitoba. L'insurrection de la Rivière-Rouge était pratiquement terminée. Au mois de juin, Riel et ses partisans acceptèrent l'Acte du Manitoba. Riel resta à la tête de la colonie jusqu'au 24 août.

26 April the delegates began negotiations with John A. Macdonald and George-Étienne Cartier. The result was the passage of the Manitoba Act and the creation of the new province of Manitoba. The Red River Insurrection of 1869/70 was at an end. In June Riel and his followers accepted the Manitoba Act. Riel himself remained in control of the settlement until 24 August, when he fled from Fort Garry on hearing that an expeditionary force, composed partly of men who wished to see him hang, was approaching from the east.

Even before the execution of Thomas Scott raised the ire of eastern Canadians, John A. Macdonald was seriously considering sending a military force into Red River. By January 1870, the Prime Minister had decided that a force must be dispatched; after Scott's execution, public opinion demanded it. The question that remained was 'how?' Three routes existed from eastern Canada to Fort Garry. The first and easiest was through the United States. However, because of the anti-British and pro-Riel sympathies south of the border, this route could not be seriously considered.

The other two routes were entirely through Canada, but both were extremely long and arduous. One was through Hudson Bay to York Factory and then by foot to Red River. The other, and the one ultimately adopted, lay over the old northwest canoe route above Lake Superior. The troops were to proceed by steamer to Thunder Bay, where they would disembark and march over a road to the head of navigable water at Lake Shebandowan. S.J. Dawson, who had retraced the route in 1868, was ordered to complete this short stretch of roadway by 1 May. Unfortunately when Colonel Garnet Wolseley, commander of the expedition, arrived with his troops in Prince Arthur, he found that less than thirty miles of the road had been completed. As a result, his men were forced to lay down their rifles, pick up axes, and labour until mid-July to complete the trail. Finally on 16 July 1870 Wolseley reached the shores of Lake Shebandowan and began his hair-raising canoe trip to Fort Garry.

In 1868, as part of the plans for linking the West with Canada, J.A. Snow had been dispatched to Red River with orders to complete a road from the colony to Lake of the Woods. Snow and his work party, which included Thomas Scott, had proved highly offensive to the Métis of Red River and had contributed to some extent to the outbreak of the resistance. By 1870 work on the road had been halted, but because Wolseley wished to use the route on the final leg of his journey, he ordered it completed. By the time the expeditionary force arrived at Lake of the Woods, the road was declared to be only 'passable' at best. As a result of his experience on the ill-fated Lake Shebandowan road, Wolseley decided to ignore the new road and continued by canoe down the treacherous Winnipeg River to Fort Alexander on Lake Winnipeg. Finally on 18 August the force arrived at Fort Alexander and on the 24th it marched into Fort Garry, only to find that Riel, not believing the promises of Wolseley and Canada that there would be no violence, had fled.

Il s'enfuit par la suite ayant entendu dire qu'un corps expéditionnaire venant de l'Est, et comprenant un bon nombre de personnes souhaitant le voir pendre, faisait route vers la Rivière-Rouge.

Même avant que l'exécution de Thomas Scott eût soulevé la colère des habitants de l'Est du Canada, John A. Macdonald songeait sérieusement à envoyer un contingent militaire à la Rivière-Rouge. Au mois de janvier 1870, le premier ministre était résolu à le faire; après l'exécution de Scott, le peuple l'exigea. Restait à savoir comment procéder. Il y avait trois parcours possibles entre l'Est du Canada et le fort Garry. Le premier trajet, le plus facile, consistait à passer par les États-Unis. Cependant, à cause des sentiments anti-britanniques et de la sympathie des Américains pour la cause de Riel, il n'était pas souhaitable d'emprunter ce parcours. Par contre, les deux autres itinéraires, entièrement au Canada, étaient extrêmement longs et pénibles. L'un consistait à traverser la baie d'Hudson jusqu'à York Factory, puis à continuer le trajet à

pied jusqu'à la Rivière-Rouge. L'autre trajet, qui fut finalement adopté, devait obliger les troupes à emprunter l'ancien parcours de canot du Nord-Ouest partant du lac Supérieur. Elles devaient se rendre à la baie du Tonnerre en vapeur, puis emprunter une route qui les amènerait à la tête d'une voie navigable, à la hauteur du lac Shebandowan. S.J. Dawson, qui avait refait le tracé de la route en 1868, reçut l'ordre de terminer ce tronçon avant le 1er mai. Toutefois, lorsque le colonel Garnet Wolseley, commandant de l'expédition, arriva avec ses troupes à Prince-Arthur, il constata que moins de trente milles de route avaient été construits. Ses hommes durent donc déposer leurs fusils, empoigner la hache et travailler jusqu'à la mi-juillet pour parachever la route. Enfin, le 16 juillet 1870, Wolseley atteignit la rive du lac Shebandowan et commença son incroyable voyage en canot jusqu'au fort Garry.

Dès 1868, dans le cadre des plans destinés à relier l'Ouest au reste du Canada, J.A. Snow avait été envoyé à la Rivière-Rouge avec mission de construire une route entre la colonie et le lac des Bois. Snow et son équipe de travail-

leurs, dont faisait partie Thomas Scott, s'étaient montrés très arrogants à l'égard des Métis de la Rivière-Rouge, et cela avait contribué dans une certaine mesure à l'éclatement de l'insurrection. En 1870, la construction de la route était en plan, mais Wolseley, souhaitant l'emprunter pour la dernière partie de son voyage, en ordonna le parachèvement. Au moment où le contingent arriva au lac des Bois, Wolseley apprit que la route était tout au plus « passable ». Se rappelant les difficultés rencontrées sur la route du lac Shebandowan, il décida de ne pas emprunter la nouvelle route, mais de poursuivre le voyage en canot sur la dangereuse rivière Winnipeg, en direction du fort Alexander, près du lac Winnipeg. Finalement, le 18 août, le contingent arriva au fort Alexander et, le 24, pénétra dans le fort Garry pour découvrir que Riel, se méfiant des promesses de Wolseley et du gouvernement canadien, qui l'avaient assuré qu'il n'y aurait pas de violence, s'était enfui.

1   Plan of Township, in Proposed System of Public Sur-
     veys Red River Territory. [Signed] J.S. Dennis Fort
Garry Aug. 28th 1869 [Public Archives of Canada]

COLOURED MANUSCRIPT: 32.0 × 40.1 ; [1:82,368 approx.]

This map illustrates Dennis's proposed township consisting
of 64 sections of 800 acres each and measuring 9-1/16 by
9-1/16 miles. The note in the margin, in Dennis's own
hand, explains his system to William McDougall, giving
information on rural allowances and the system of numbering. It also gives the total area of his hypothetical
township as 53,760 acres.

1   [Plan de canton proposé par J.S. Dennis, dans son
     projet d'arpentage des terres fédérales, à la Rivière-
Rouge. Signé au fort Garry, le 28 août 1869] (Archives
publiques du Canada)

MANUSCRIT EN COULEURS : 32 × 40,1 ; (échelle de 1/82 368
env.)

Cette carte est un plan que Dennis traça pour la création de
cantons mesurant 9 milles 1/16 sur 9 milles 1/16 et comprenant 64 sections de 800 acres chacune. Dans la note
manuscrite figurant en marge, Dennis explique son système à William McDougall, donnant des précisions sur les
allocations d'établissement et sur le système de numéro-
tage. Il y indique aussi la superficie totale du canton projeté, soit 53 760 acres.

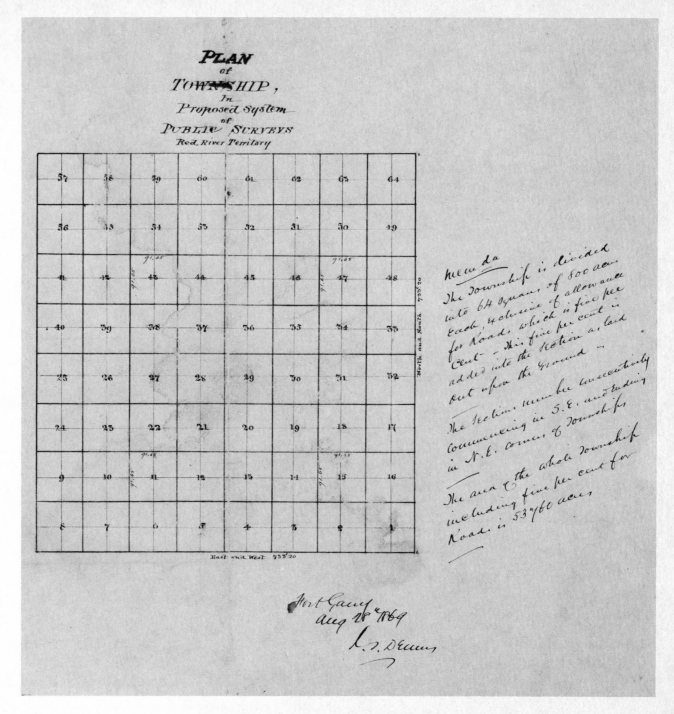

2   Map on Mercator's Projection, of Part of the N.W.
     Territory; Illustrating the proposed System of Public
Surveys [Public Archives of Canada]

COLOURED MANUSCRIPT: 32.0 × 40.0; [1:1,077,720 approx.]

This map, the second map sent to McDougall by Dennis,
shows the system that was to be adopted for the actual
survey of the western territories. The Winnipeg Meridian,
shown on the map, was to be the first baseline. From this
meridian the townships were to be extended east and west.
An area around Portage La Prairie and one near Oak Point
were suggested by Dennis as likely starting-points for the
division of the territory into lots. These points are also
indicated on the map. The base maps used for both of
Dennis's plans were likely made available to the surveyor
by the Hudson's Bay Company in Red River.

2   [Carte, dans la projection de Mercator, représentant
     une partie des Territoires du Nord-Ouest et illustrant
le projet d'arpentage des terres fédérales] (Archives publiques du Canada)

MANUSCRIT EN COULEURS : 32 × 40; (échelle de 1/1 077 720
env.)

Cette carte, la seconde envoyée à McDougall par Dennis,
présente le système qui devait être adopté pour lever le plan
des territoires de l'Ouest. Le méridien de Winnipeg, que
l'on peut voir sur la carte, devait être la première ligne de
base, les cantons se trouvant à l'est et à l'ouest de cette
ligne. Dennis proposa de choisir une zone entourant
Portage-la-Prairie et une autre située près de Pointe-aux-
Chênes comme points de départ pour le lotissement du
territoire. Ces points sont aussi indiqués sur la carte. Les
cartes dont s'est inspiré Dennis pour dresser ces deux plans
lui ont probablement été fournies par le poste de la Compagnie de la baie d'Hudson, à la Rivière-Rouge.

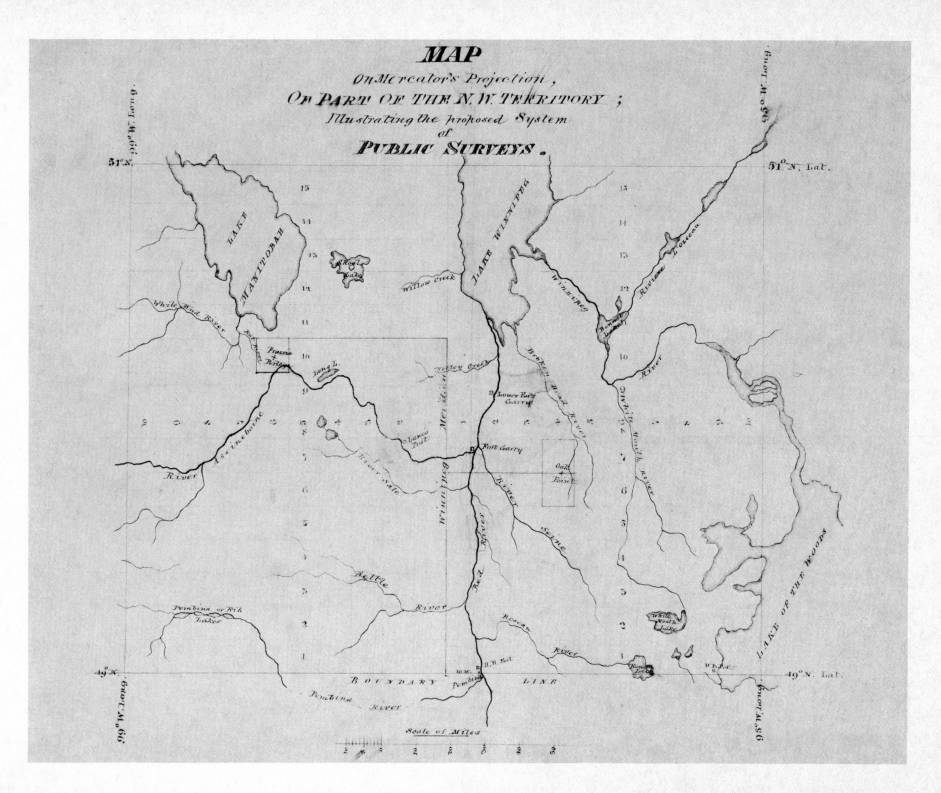

MAP

On Mercator's Projection,

OF PART OF THE N.W. TERRITORY;

Illustrating the proposed System

of

PUBLIC SURVEYS.

99° W. Long.

51° N.

51° N. Lat.

95° W. Long.

LAKE MANITOBAH

Shoal Lake

LAKE WINNIPEG

Willow Creek

Rivière Loiseau

White Mud River

Winnipeg

Broken Head River

Bossu Lake

15

14

13

12

11

10

Prairie + River

Long L.

Nettey Creek

Lower Fort Garry

River

Assineboine

9

8

7

6

5

4

3

2

1

White Mouth River

Stone's Post

Broken Head

Fort Garry

Oak + Point

Red River

Seine

Winnipeg Meridian

River

Nettle

River

Pembina or Rib Lakes

White Mouth Lake

Rosean

River

LAKE OF THE WOODS

49° N.

BOUNDARY   LINE

49° N. Lat.

10 M.   H.B. Post

Pembina

Rosseau Lake

H.B. Pt.

99° W. Long.

Pembina   River

95° W. Long.

Scale of Miles

7

3   Map on Mercator's Projection of Part of the N.W.
     Territory Illustrating the proposed System of Public
Surveys [1869] [Public Archives of Canada]

MANUSCRIPT: 33.9 × 35.4; [1:1,077,120 approx.]

This unsigned, undated, manuscript map shows how the
land between the 49th and 51st parallels would be divided
into townships. Note that the townships were to be numbered east and west from the Winnipeg Meridian and north
from the border.

The map was probably drawn by Dennis or a member
of his party to illustrate further his projected plans for the
public survey. Another map, already described (Map 2),
bears the same title and apparently uses the same base map;
however, the first map does not show how the area of
Manitoba would appear after final surveying.

3   [Carte, dans la projection de Mercator, représentant
     une partie des Territoires du Nord-Ouest et illustrant
le projet d'arpentage des terres fédérales (1869)] (Archives
publiques du Canada)

MANUSCRIT : 33,9 × 35,4; (échelle de 1/1 077 120 env.)

Ce document manuscrit, sans date ni signature, décrit
comment la zone s'étendant entre le 49e et le 51e parallèle
serait divisée en cantons. Il faut remarquer que les cantons
devaient être numérotés, à partir du méridien de Winnipeg, en direction est et ouest, et à partir de la frontière,
vers le nord.

Cette carte a probablement été tracée par Dennis ou un
membre de son équipe pour préciser les plans de levés
publics. Une autre carte, déjà décrite (carte n° 2), porte le
même titre et semble avoir été dressée selon la même carte
de base, mais ne montre pas la région du Manitoba après le
levé final.

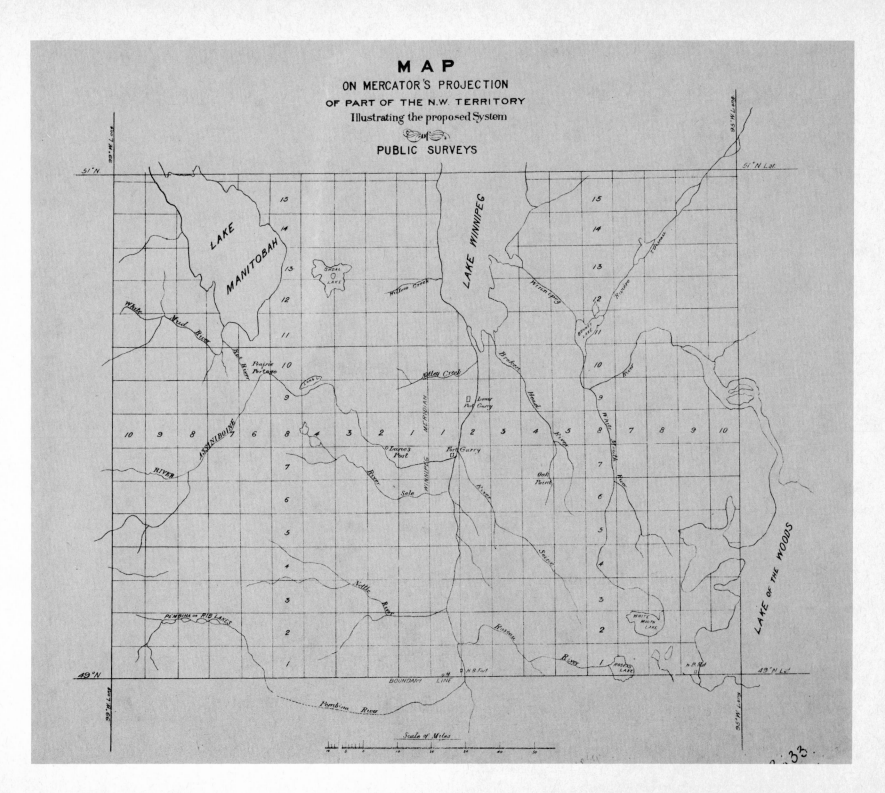

MAP
ON MERCATOR'S PROJECTION
OF PART OF THE N.W. TERRITORY
Illustrating the proposed System
of
PUBLIC SURVEYS

4   Rough Diagram Based on Hind's Map, intended to
     illustrate Report of this date on Township Surveys –
Red River Territory. Ottawa, February 12th 1870.
[Signed] J. Stoughton Dennis, P.L.S. [Public Archives of
Canada]

INSET: Sketch of Township showing numbering of Sections; 7.5 × 7.6

MANUSCRIPT: 56.4 × 43.7; 1:379,980

This map indicates the surveys carried out by Dennis prior
to the outbreak of the insurrection. Also shown is the point
at which Major Webb and his survey party were stopped by
Riel on 11 October. The plan was based on maps drawn by
the explorer Henry Youle Hind in 1858 and 1859. Hind's
maps, because of their accuracy and attention to detail,
were used to a great extent by later map makers interested
in the Manitoba region. Note on this map the Red River
parishes along the rivers.

4   [Schéma sommaire, tracé d'après la carte de Hind, et
     destiné à illustrer le rapport d'alors sur les arpentages
de cantons, à la Rivière-Rouge. Signé à Ottawa, le 12 février 1870, par J. Stoughton Dennis, arpenteur ontarien]
(Archives publiques du Canada)

CARTON : [Esquisse de canton indiquant la numérotation
des sections]; 7,5 × 7,6

MANUSCRIT : 56,4 × 43,7; échelle de 1/379 980

Cette carte indique les levés faits par Dennis avant l'insurrection. On voit aussi l'endroit où le major Webb et son
équipe d'arpenteurs ont été arrêtés par Riel, le 11 octobre.
Ce plan a été établi d'après des cartes dressées par
l'explorateur Henry Youle Hind en 1858 et en 1859.
Celles-ci ont d'ailleurs beaucoup servi, en raison de leur
précision et de leur détail, aux cartographes qui étudièrent
plus tard la région du Manitoba. On peut remarquer sur
cette carte les paroisses de la Rivière-Rouge, le long des
rivières.

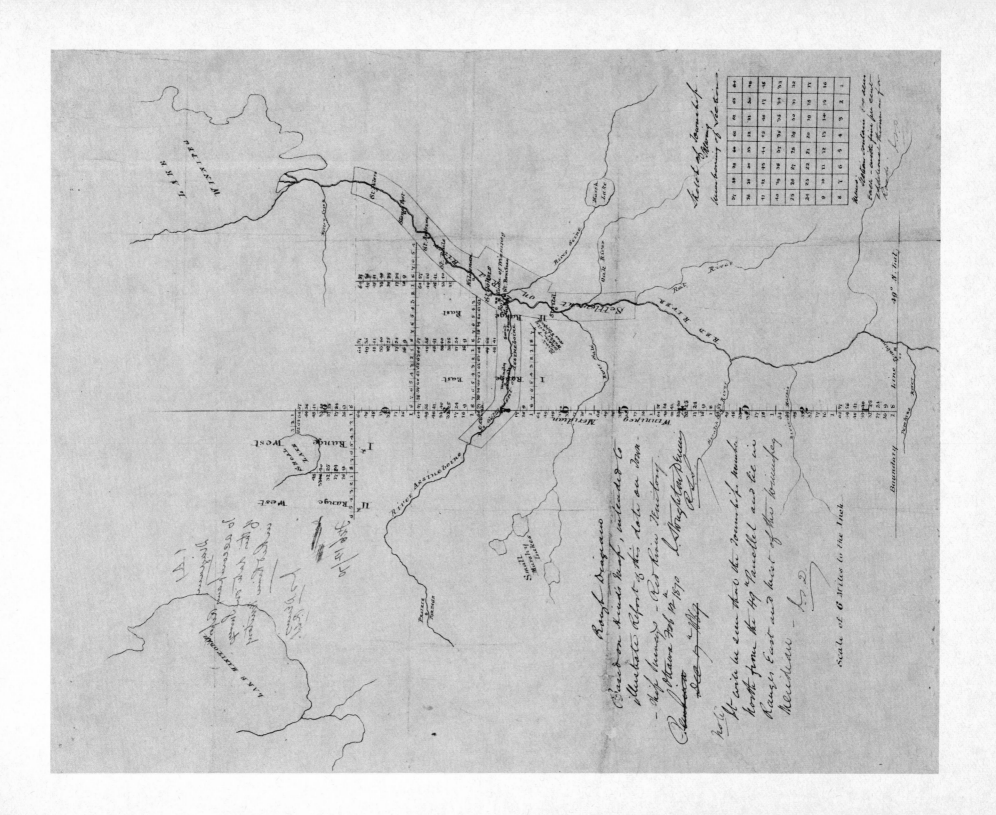

5 (left) Winnipeg Before 1869. Prepared by the *Winnipeg Free Press* 25 March 1906 [Provincial Archives of Manitoba]

PHOTO: 25.3 × 20.5

This map of Winnipeg shows how the settlement was laid out prior to 1870. The long river lots dominated the townsite and only four roads ran through the village. The names of men such as Alexander Ross, Andrew McDermott, Alex Logan, and Henry Hallet, all of whom would play roles in the resistance, are shown on the map. Also shown is Fort Garry and its relationship to Winnipeg.

6 (right) Winnipeg in 1869 [From: Alexander Begg and Walter R. Nursey, *Ten Years in Winnipeg*, Frontispiece]

PRINT: 21.2 × 13.5

This plan of Winnipeg was probably the first map printed in Manitoba. The layout of the town is well denoted, and a legend printed on the facing page identifies twenty-seven buildings including residences, saloons, businesses, and Fort Garry.

5 (à gauche) [Carte de Winnipeg avant 1869, dressée par le *Winnipeg Free Press*, le 25 mars 1906] (Archives provinciales du Manitoba)

PHOTO : 25,3 × 20,5

Cette carte de Winnipeg donne un aperçu de la colonie avant 1870. Les longs lots riverains dominaient l'espace, et le village n'était traversé que de quatre routes. On retrouve sur la carte les noms de personnages comme Alexander Ross, Andrew McDermott, Alex Logan et Henry Hallet, qui devaient tous jouer un rôle au cours de la résistance. On voit aussi le fort Garry et sa situation par rapport au village.

6 (à droite) [Winnipeg en 1869. Carte tirée de : Alexander Begg et Walter R. Nursey, *Ten Years in Winnipeg*, frontispice]

GRAVURE : 21,2 × 13,5

Ce plan de Winnipeg est probablement la première carte à avoir été imprimée au Manitoba. Il donne un bon aperçu de la ville à cette époque ; une légende inscrite en regard indique 27 bâtiments : des maisons particulières, des saloons, des établissements commerciaux et le fort Garry.

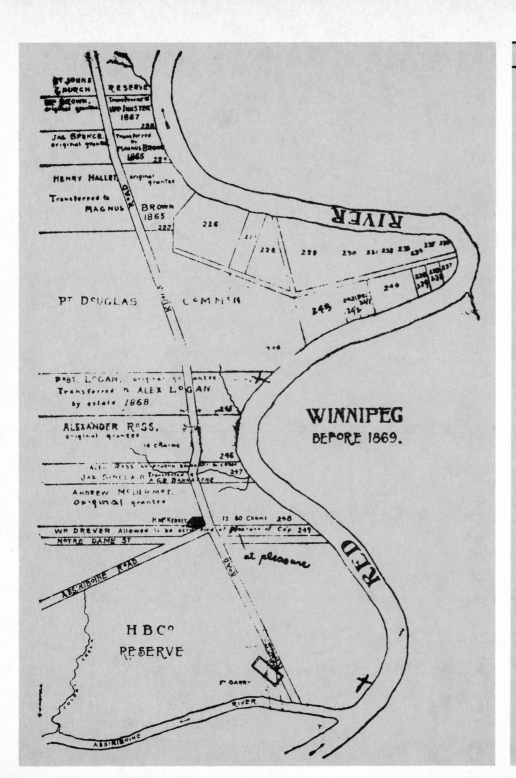

WINNIPEG
BEFORE 1869.

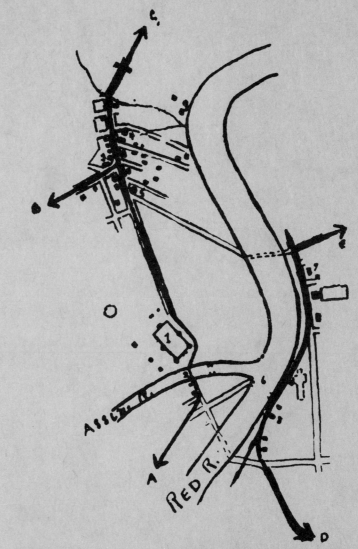

MAP OF WINNIPEG AND DISTRICT DURING "THE TROUBLE"

The "main road," now Main street, is shown on the left, with Brown's creek crossing it at the bend near the present city hall. The map, carefully checked by reliable records and talks with oldtimers then alive, shows the 32 buildings, the important ones numbered. The black line on the right is St. Mary's road which ran through the heart of the Metis settlement. 1—Fort Garry. 2—Pontoon bridge over Assiniboine, by which Riel, O'Donahue and Lepine escaped. 3—Emmerling's hotel, on site of present McIntyre block. 4—A. G. B. Bannatyne's residence, afterwards the first parliament buildings, on the east side of Main street, about the present northwest corner of Lombard. 5—The Schultz store at the present corner of Water street. 6—Ferry across the Red. 7—St. Boniface college. House of John Mager, father of Victor. 9—Office of Nor-Wester newspaper seized by Riel.

13

7   (left) Map of the Red River Territory. Published by
Dawson Brothers, Montreal 1870. Compiled by E.H.
Charles Lionais, Civil Engineer. Roberts, Reinhold & Co.
Lith. Montreal [Public Archives of Canada]

PRINT: 53.5 × 58.2; [1:1,584,000]

E.H. Lionais's crude, unofficial map is of considerable
significance in that it is very probably the first published
map to show the new province of Manitoba. The map was
actually drawn prior to the passage of the Manitoba Act
and, as the title indicates, was likely meant to show the Red
River Territory and the region in which the insurrection
took place. The creation of the new province, however,
caused Lionais to amend the map in haste in order to
include the boundaries and the name of Manitoba.

8   Laurie's Map of the North-West Territories Shewing
the Surveys now made, and the Railway and other
Routes thereto. Compiled by D. Codd, Ottawa. Entered
according to Act of Parliament of Canada, in the year 1870,
by D. Codd, in the office of the Minister of Agriculture.
Roberts, Reinhold & Co., Lith. Montreal [Public Archives
of Canada]

INSETS: Map showing the existing railway & steamboat
lines communicating with the North-west Territory: 21.4
× 43.0; [1:3,991,680 approx.]; Plan of the Selkirk Settlement: 21.4 × 25.9; 1:253,440

HAND-COLOURED PRINT: 59.4 × 119.5; 1:1,584,000

As with the Lionais map, P.G. Laurie's publication of
Donald Codd's map of the Northwest occurred prior to the
passage of the Manitoba Act. This map was also crudely
amended to show the province of 'Manitobah.' Codd's map

possesses a good degree of accuracy as a result of the fact
that he based much of it on earlier surveys by H.Y. Hind
and Captain Palliser.

The inset of the Selkirk Settlement shows the
parishes, towns, and villages along the Assiniboine and
Red rivers. Also included with the map is a table of distances for the trail between St Cloud, Minnesota, and Fort
Garry. A second inset, not reproduced here, locates the
main rail and water routes linking the Northwest with
Canada and the United States.

7   (à gauche) [Carte de la Rivière-Rouge. Publiée par
Dawson Brothers, Montréal, 1870. Compilée par
E.H. Charles Lionais, ingénieur civil. Lithographie de
Roberts, Reinhold & Co., Montréal] (Archives publiques
du Canada)

GRAVURE : 53,5 × 58,2; (échelle de 1/1 584 000)

Cette carte grossière, non officielle, dressée par E.H.
Lionais, revêt une grande importance, car c'est très probablement la première carte imprimée qui montre la nouvelle
province du Manitoba. Elle fut en fait tracée avant l'adoption de l'Acte du Manitoba et, comme l'indique le titre, elle
devait vraisemblablement représenter le territoire de la
Rivière-Rouge et la région où eut lieu l'insurrection. Au
moment de la création de la nouvelle province, Lionais a
ajouté à la hâte les frontières et le nom du Manitoba.

8   [Carte des Territoires du Nord-Ouest, par Laurie; on
y indique l'arpentage déjà fait, ainsi que les chemins
de fer et routes y menant. Compilée par D. Codd d'Ottawa
et enregistrée conformément à l'Acte du Parlement du
Canada, en l'année 1870, au bureau du ministre de
l'Agriculture. Lithographie de Roberts, Reinhold & Co.,
Montréal] (Archives publiques du Canada)

CARTONS : [Carte illustrant les lignes de chemin de fer et
voies navigables communiquant avec les Territoires du
Nord-Ouest] 21,4 × 43; (échelle de 1/3 991 680 env.).
Plan de la colonie de Selkirk : 21,4 × 25,9; échelle de
1/253 440

GRAVURE COLORIÉE À LA MAIN : 59,4 × 119,5; échelle de
1/1 584 000

Comme pour la carte de Lionais, la publication par P.G.
Laurie de la carte du Nord-Ouest dressée par Donald Codd a

précédé l'adoption de l'Acte du Manitoba. On retrouve ici
également l'inscription manifestement hâtive de « Manitobah » sur la région occupée par la nouvelle province. La
carte de Codd est assez précise, car elle est basée en grande
partie sur les explorations de H.Y. Hind et du capitaine
Palliser.

Le carton de la colonie de Selkirk fait voir les paroisses,
villes et villages situés le long des rivières Assiniboine et
Rouge. On y trouve aussi une table des distances entre
Saint-Cloud, au Minnesota, et le fort Garry. Un autre
papillon, que l'on ne voit pas ici, indique les principales
lignes de chemins de fer et voies navigables reliant le
Nord-Ouest au Canada et aux États-Unis.

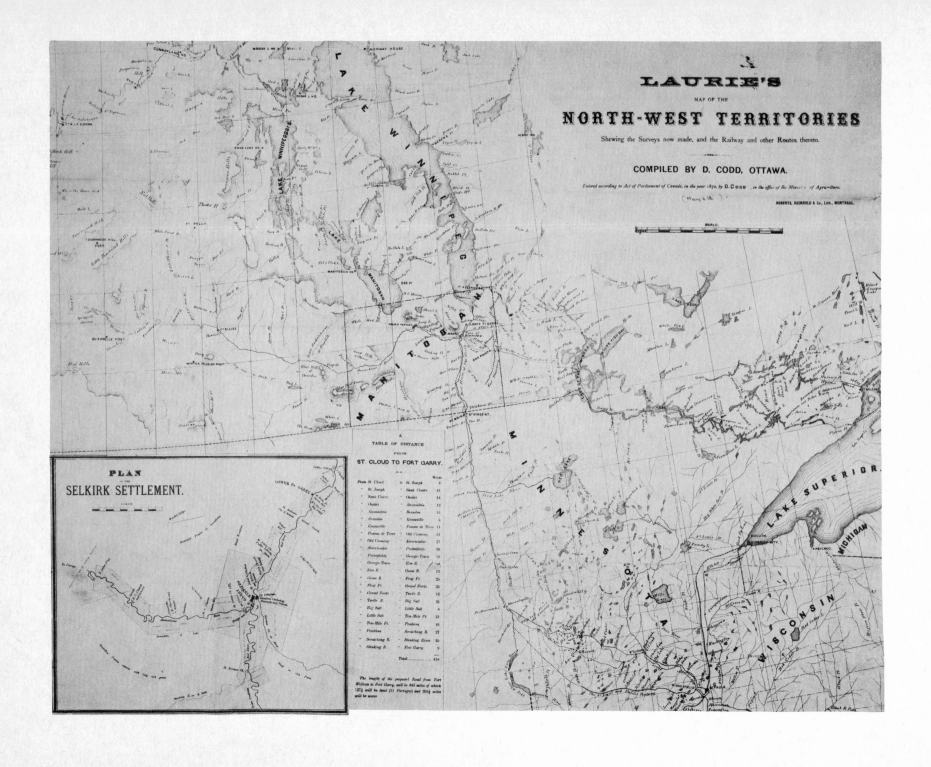

PLAN
OF THE
SELKIRK SETTLEMENT.

SCALE

9　Map of the Province of Manitoba. Compiled by A.L.
　　Russell. Ottawa, Febry. 1871 [Public Archives of
Canada]

COLOURED MANUSCRIPT: 56.5 × 65.2; 1:633,600

Prior to being made Inspector of Surveys in July 1871,
Lindsay Russell prepared the first official map of the province of Manitoba. In compiling the map, Russell drew on notes and maps prepared by a large number of early explorers. He also gathered all of the contemporary data he could from agents in Manitoba and the Hudson's Bay Company. As a result, the Russell map contains an amazing amount of supplementary information and possesses a considerable degree of accuracy. Notes refer to area, population, economy, electoral districts, topography, and mileage between points. Russell has also indicated the relative fertility of the soil in various areas of the province.

The broken lines bounding the Red, Assiniboine, Rat, and Whitemud rivers indicate areas of Métis settlement that were to be surveyed into long river lots as guaranteed by the Dominion government. The fact that J.S. Dennis's original survey plans were still in vogue by February 1871 is indicated by a small diagram of his proposed township.

9　[Carte de la province du Manitoba ; compilée par A.L.
　　Russell. Ottawa, février 1871] (Archives publiques du
Canada)

MANUSCRIT EN COULEURS : 56,5 × 65,2 ; échelle de
1/633 600

Avant d'être nommé arpenteur en chef, en juillet 1871,
Lindsay Russell dressa la première carte officielle de la province du Manitoba. Pour ce faire, il se servit des notes et des cartes laissées par un grand nombre d'explorateurs. Il recueillit aussi le plus de données possible auprès d'agents du Manitoba et de la Compagnie de la baie d'Hudson. C'est pourquoi la carte qu'il a dressée renferme une quantité étonnante de renseignements nouveaux et se révèle très exacte. Les notes portent sur la nature de la région, la population, l'économie, les circonscriptions électorales, la topographie et les distances entre les différents endroits.

L'auteur indique aussi la fertilité du sol dans les diverses régions de la province.

Les lignes pointillées que l'on voit de part et d'autre des rivières Rouge, Assiniboine, Rat et Whitemud indiquent les zones habitées par des Métis, soit les zones qui devaient être divisées en longs lots riverains, selon la promesse du gouvernement canadien. Le petit diagramme où l'on voit le projet de canton de J.S. Dennis montre que ses plans d'arpentage étaient encore reconnus en février 1871.

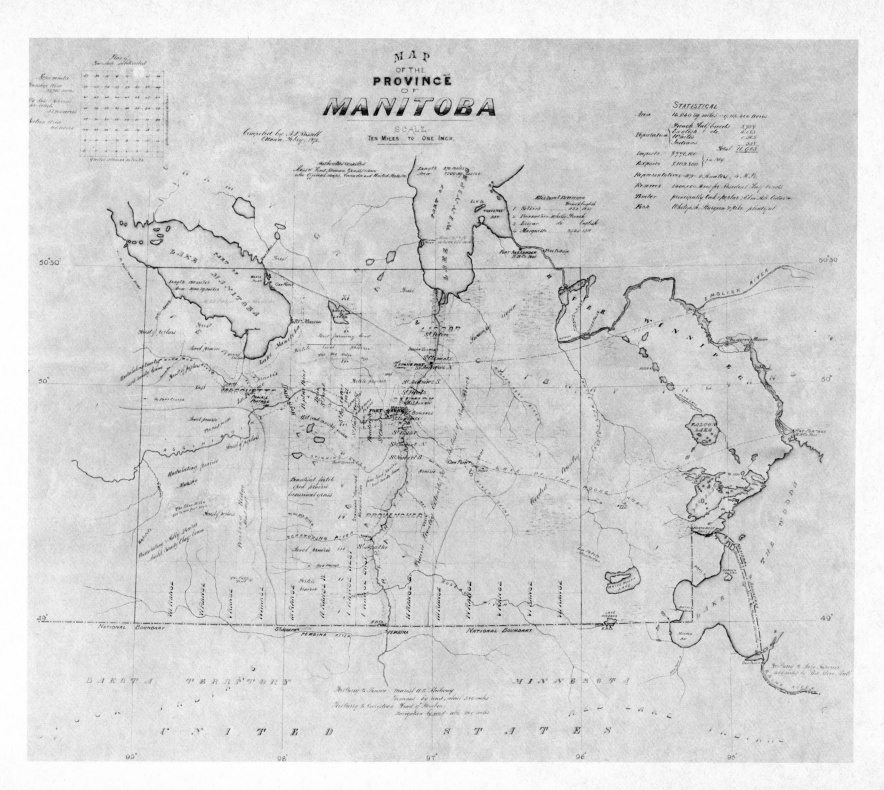

MAP
OF THE
PROVINCE
OF
MANITOBA

SCALE.
TEN MILES TO ONE INCH.

Compiled by A.L. Russell
Ottawa. Feby. 1872.

10   The Province of Manitoba, Shewing the Surveys ef-
      fected in 1871. Department of the Secretary of State of
Canada, Dominion Lands Office, March 1st 1872. [Signed]
J. Stoughton Dennis, Surveyor General. Copp, Clark &
Co. Lith. Toronto [Public Archives of Canada]

COLOURED PRINT: 42.3 × 96.1; 1:253,440

Shortly after the end of the Red River Insurrection, the
government of Canada once more took up the task of
surveying the vast western lands. By 1871, however, the
survey system had been changed from Dennis's original
plan of a township containing 64 sections, each of 800
acres, to one of 36 sections of 640 acres each. The method of
surveying can be deduced from this map. A block compris-
ing four townships was first laid out; then each township
was divided into sections and later quarter-sections.

The map also indicates how the Métis long lot system
fits into the overall plans for surveying. A two-mile-wide
buffer zone was laid out on each side of the Red and
Assiniboine rivers. The surveyors terminated the division
of townships where they abutted upon any of the river lots,
thus safeguarding the Métis landholding system.

Thanks to the keen eyes of the surveyors, the map also
shows certain topographic features and indicates trails,
roads, towns, villages, and a few scattered houses. The map
is the first to show the development of the western survey
system and is also one of the first of the province of
Manitoba.

10   [La province du Manitoba, ainsi que l'arpentage
      réalisé en 1871. Secrétariat d'État du Canada, Bureau
des terres fédérales, 1er mars 1872. Carte signée par l'arpenteur général, J. Stoughton Dennis. Lithographie de
Copp, Clark & Co., Toronto] (Archives publiques du
Canada)

GRAVURE EN COULEURS : 42,3 × 96,1; échelle de 1/253 440

Peu après la fin de l'insurrection de la Rivière-Rouge, le
gouvernement canadien entreprit de nouveau l'arpentage
des immenses terres de l'Ouest. En 1871, cependant, le
système d'arpentage employé n'était plus le plan initial
établi par Dennis, selon lequel les cantons devaient comprendre 64 sections de 800 acres chacune, mais un autre où
les cantons comportaient 36 sections de 640 acres chacune.
On peut comprendre la méthode d'arpentage employée en
examinant la carte. Un bloc de quatre cantons était d'abord
tracé, puis chaque canton était divisé en sections et ensuite
en quarts de section.

La carte montre aussi comment le système des longs
lots employé par les Métis s'insère dans les plans généraux
d'arpentage. Une zone tampon d'une largeur de deux
milles était établie de chaque côté des rivières Rouge et
Assiniboine. Les arpenteurs faisaient en sorte que les cantons n'empiètent pas sur les lots riverains de façon à res-
pecter le régime foncier des Métis.

Grâce à l'esprit d'observation des arpenteurs, la carte
fournit aussi certaines données topographiques et indique
les pistes, les routes, les villes, les villages et quelques
maisons éparses. Cette carte, la première à montrer l'ap-
plication du système d'arpentage de l'Ouest, est aussi l'une
des premières cartes de la province du Manitoba.

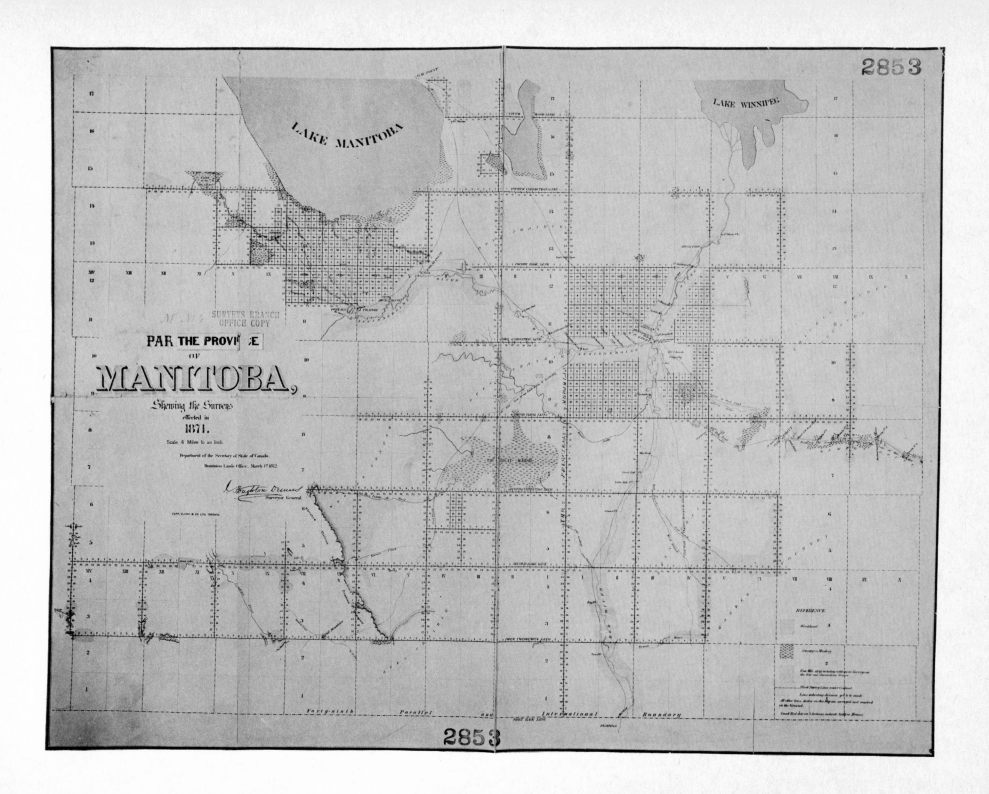

PAR THE PROVINCE
OF
MANITOBA,
Shewing the Surveys
effected in
1871.

Scale, 4 Miles to an Inch.

Department of the Secretary of State of Canada.

Dominion Lands Office, March 1st 1872.

LAKE MANITOBA

LAKE WINNIPEG

11 [Plan of a proposed railway to be built from St Paul,
    Minnesota to Fort Garry, Red River Settlement.
J.J. Hill] [Public Archives of Canada]

COLOURED MANUSCRIPT: 43.7 × 47.0

Although the American route to Red River was never
seriously considered, a plan was put forward for the use of
American soil as a military route in 1870. The plan came
from J.J. Hill, an enterprising Canadian entrepreneur, who
made his fortune building railway systems in the United
States. Hill wrote to John A. Macdonald suggesting the
construction of a railway from St Paul, Minnesota, north
to Fort Garry. This map was enclosed to promote Hill's
idea.

Hill indicated on his map that troops, supplies, and
later settlers could be sent to Red River by railway from St
Paul in only four days. On the map Hill also indicated the
disadvantages of the two Canadian routes. He pointed out
that thirty to forty days would be required to cover the
650-mile route from Thunder Bay and that forty to fifty
days would be needed for the 900-mile journey from York
Factory. Notes on the map concerning the nature of the
country traversed by all three routes again point out that
the best route lay north from St Paul.

A final interesting feature is the presence on the map
of 'Riell's Barricade' [sic] just south of Fort Garry and
coincidentally directly on the line of the proposed railway.
The barricade was erected by the Métis in October 1869 to
prevent William McDougall, the new lieutenant-
governor, from entering the territory. It is doubtful that
Hill's plan or his map met with much enthusiasm in
Ottawa.

11 [Plan proposé par J.J. Hill d'un chemin de fer à cons-
    truire entre Saint-Paul, au Minnesota, et le fort
Garry, dans la colonie de la Rivière-Rouge] (Archives publiques du Canada)

MANUSCRIT EN COULEURS : 43,7 × 47

Même si on n'a jamais envisagé sérieusement d'emprunter
la route des États-Unis pour se rendre à la Rivière-Rouge,
un plan basé sur cette idée fut avancé en 1870. L'auteur en
était J.J. Hill, hardi entrepreneur canadien qui fit fortune
dans la construction de lignes de chemin de fer aux États-
Unis. Celui-ci écrivit à John A. Macdonald pour lui pro-
poser de construire un chemin de fer entre Saint-Paul, au
Minnesota, et le fort Garry. Pour faire valoir son idée, Hill
joignit cette carte à son envoi.

Hill faisait observer qu'il suffirait de quatre jours pour
transporter par chemin de fer les troupes, les approvisionnements et, plus tard, les colons, de Saint-Paul à la
Rivière-Rouge. Il indiqua aussi sur la carte les in-
convénients des deux itinéraires canadiens, précisant qu'il
faudrait entre trente et quarante jours pour parcourir les
650 milles séparant la baie du Tonnerre du fort Garry et de
quarante à cinquante jours pour franchir les 900 milles
séparant York Factory du fort Garry. Les notes inscrites sur
la carte concernant la nature des régions traversées par les
trois routes possibles tendent à montrer que le meilleur
parcours était celui passant par Saint-Paul.

Enfin, il convient de remarquer sur la carte la mention
« barricade de Riell » (sic), juste au sud du fort Garry, et,
curieuse coïncidence, directement sur le tracé du chemin de
fer proposé. Cette barricade fut érigée par les Métis, en
octobre 1869, pour interdire l'accès du secteur à William
McDougall, le nouveau lieutenant-gouverneur. Il est peu
probable que le plan et la carte de Hill aient reçu un accueil
bien enthousiaste, à Ottawa.

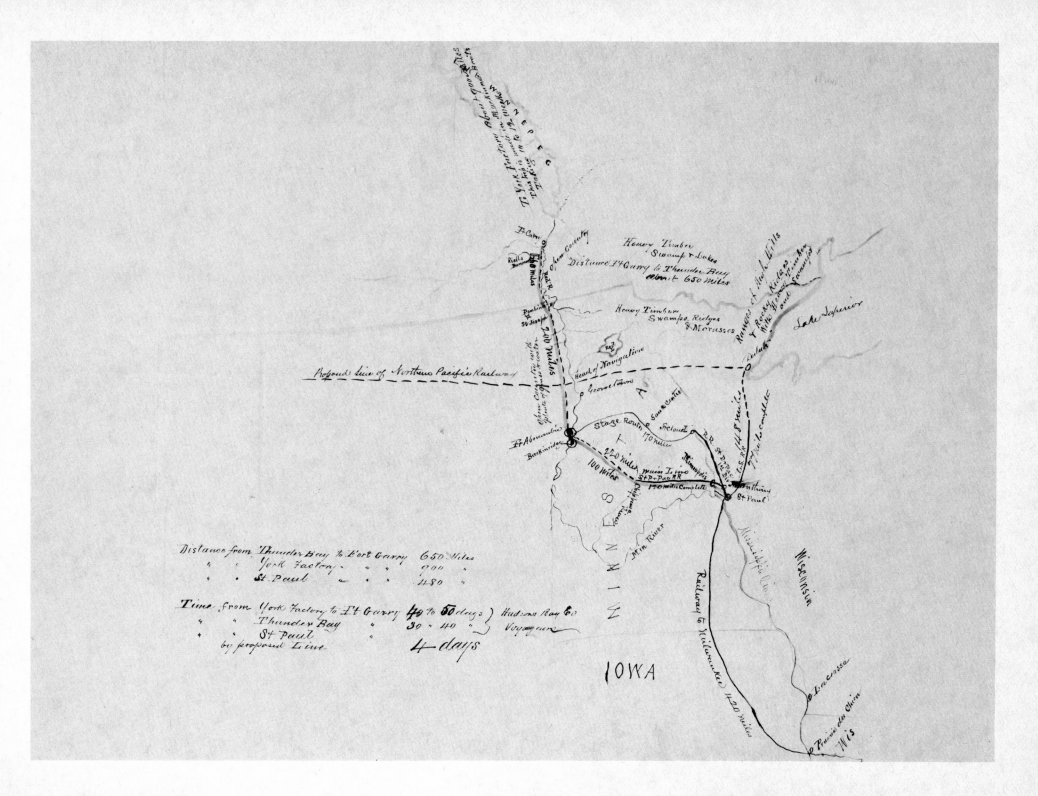

12 Map Shewing Line of Route Between Lake Superior
    and Red River Settlement Compiled from S.J. Daw-
son's Exploratory Surveys, And Maps in Depart. of Crown
Lands O. By A.L. Russell. Lithographed and printed at the
Topographical Dept. of the War Office. Capt. C.W. Wilson
R.E. Director. 1870 [Public Archives of Canada]

COLOURED PRINT: 64.4 × 133.6; 1:633,600

After Macdonald had decided on the northwest canoe route
as the line of advance for the Red River Expeditionary
Force, he had to decide which segments of the route to use.
Several variations of the old canoe system had been
explored by S.J. Dawson, W.H. Napier, and H.Y. Hind.
This map, drawn after the arrival of the troops at Fort
Garry, shows the route actually traversed by Wolseley and
his men in 1870. Russell has included such features as the
road line from Fort Garry to Lake of the Woods and has

added dates along the route, referring to the arrival of the
first troops at each point. It is interesting to note that as a
result of the travels of the expeditionary force, a considerable body of new knowledge was gathered concerning the
geography of the country through which the troops were
forced to pass. Russell incorporated this new information
into his map and, as a result, produced the first truly
accurate map of this section of northern Ontario.

12 [Carte indiquant le tracé de la route entre le lac
    Supérieur et la colonie de la Rivière-Rouge. Compilée
par A.L. Russell d'après l'arpentage préliminaire de S.J.
Dawson et des cartes conservées au ministère des Terres
fédérales. Lithographiée et imprimée au dépôt des cartes
topographiques du ministère de la Guerre. Sous la direction
du capitaine C.W. Wilson, R.E., 1870] (Archives publiques
du Canada)

GRAVURE EN COULEURS : 64,4 × 133,6; échelle de 1/633 600

Après avoir choisi le parcours de canot du Nord-Ouest
comme ligne de progression de la Red River Expeditionary
Force, Macdonald devait déterminer les diverses pos-
sibilités s'offrant à l'intérieur de cet itinéraire. En effet, S.J.
Dawson, W.H. Napier et H.Y. Hind avaient découvert
plusieurs autres variantes de l'ancien parcours. Cette carte,
dressée après l'arrivée des troupes au fort Garry, montre la
route exacte suivie par Wolseley et ses hommes en 1870.

Russell a ajouté certains éléments comme le tracé de la
route menant du fort Garry au lac des Bois et a indiqué les
dates d'arrivée des premières troupes à chaque endroit. Il
est intéressant de noter que, grâce aux déplacements du
corps expéditionnaire, une quantité importante de nouvelles données a été recueillie à propos des caractéristiques
physiques des régions traversées par les troupes. En se
servant de ces nouvelles données pour dresser sa carte,
Russell a réalisé la première carte représentant exactement
cette partie du Nord de l'Ontario.

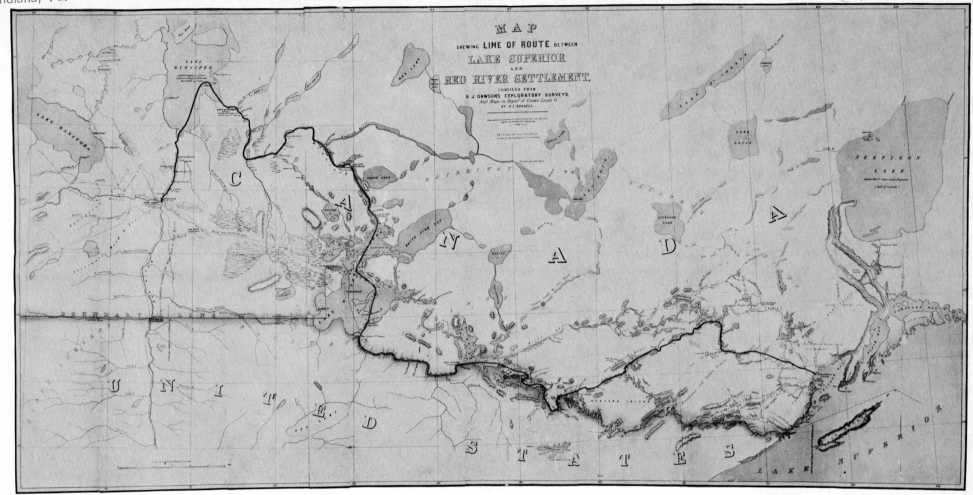

MAP
SHEWING LINE OF ROUTE BETWEEN
LAKE SUPERIOR
AND
RED RIVER SETTLEMENT,
COMPILED FROM
S. J. DAWSONS EXPLORATORY SURVEYS,
And Maps in Depot of Crown Lands O.
BY A L RUSSELL

25

*13 Plan shewing the proposed route from Lake Superior to Red River Settlement. Compiled from Messrs. Dawson & Napier's maps. Lithographed at the topographical depot of the War Office under the superintendence of Capt. C.W. Wilson R.E. Colonel Sir Henry James R.E.F.R.S. Director 1870 [Public Archives of Canada]

ILLUSTRATION: Profile of canoe route [from Lake Superior to Lake Winnipeg] as handed in by professor Hind: 3.9 × 148.5; [1:633,600 horizontal; 1:7,200 vertical]

COLOURED PRINT: 79.7 × 155.8; [1:525,888 approx.]

This map was compiled prior to the departure of the troops for Red River. All of the possible canoe routes are shown and described, and H.Y. Hind's profile of one of the routes gives a graphic indication of how rough canoe travel was in the region. A comparison of this map with Russell's (Map 12) serves to indicate the additions made by the force to the geographic knowledge of this area.

*14 Sketch of road from Prince Arthur's Landing, Thunder Bay, L. Superior to Lake Shebandowan as traversed by the Red River Expeditionary Force. Surveyed by Captain G.L. Huyshe Rifle Brigade 20th July 1870. Lithographed at the Topographical Depot of the War Office Captn. C.W. Wilson R.E. Director 1870 [Public Archives of Canada]

COLOURED PRINT: 2 sections, each: 91.7 × 61.4; 1:15,840

*13 [Plan indiquant la route projetée entre le lac Supérieur et la colonie de la Rivière-Rouge. Compilé d'après les cartes de Dawson et Napier. Lithographié au dépôt des cartes topographiques du ministère de la Guerre, sous la surintendance du capitaine C.W. Wilson, R.E., et la direction du colonel sir Henry James, R.E.F.R.S., 1870] (Archives publiques du Canada)

ILLUSTRATION : [Esquisse de la route en canot (entre le lac Supérieur et le lac Winnipeg) proposée par le professeur Hind] : 3,9 × 148,5; (échelle de 1/633 600, horizontalement; échelle de 1/7 200, verticalement)

GRAVURE EN COULEURS : 79,7 × 155,8; (échelle de 1/525 888 env.)

Cette carte a été dressée avant le départ des troupes pour la Rivière-Rouge. Tous les parcours de canot possibles sont indiqués et décrits, et le tracé de l'une des routes, fait par H.Y. Hind, montre de façon graphique comment les voyages en canot étaient pénibles dans cette région. En comparant cette carte avec celle de Russell (carte nº 12), on voit comment les données recueillies par des membres du contingent ont contribué à mieux faire connaître la géographie de la région.

*14 [Esquisse de la route entre le débarcadère de Prince-Arthur, à la baie du Tonnerre, lac Supérieur, et le lac Shebandowan, que suivit la Red River Expeditionary Force. Arpentée par le capitaine G.L. Huyshe de la Rifle Brigade, le 20 juillet 1870. Lithographiée en 1870 au dépôt des cartes topographiques du ministère de la Guerre, sous la direction du capitaine C.W. Wilson, R.E.] (Archives publiques du Canada)

GRAVURE EN COULEURS : 2 sections, chacune mesurant 91,7 × 61,4; échelle de 1/15 840

The Rebellion of 1885

La rébellion de 1885

The Red River Insurrection of 1869/70 was a short-lived affair that took place outside the sphere of interest of many eastern Canadians, in a part of North America that was, in their opinion, uncivilized and wild, and that did not even belong to Canada. As a result of the isolation of the event and the quickness with which it passed, few maps concerning events that took place during the insurrection were printed.

The Rebellion of 1885, sometimes referred to as the Saskatchewan Rebellion, was a different matter. In the fifteen years since 1870 the West had changed considerably. Civilization, in the form of settlers, the mounted police, and the railway, had come to the prairies, and all three elements were busy eroding Canada's western frontier. The West was the new land of promise for eastern Canada; the agricultural and mineral wealth of the territories was just beginning to be realized. Furthermore, the West now belonged to Canada and the experiment with Confederation, only two years old in 1869, had been tried and accepted. For these reasons and others, the second Riel rising came as a shock to most Canadians. The country's new territories were being threatened and Canadian unity challenged. As a result, Canadian response to news of the outbreak of violence was far more general and vociferous than it had been in 1869.

Because of the tremendous interest and the fact that activities during the 1885 rebellion were much more militaristic, there was a far greater demand for maps than there had been for the earlier insurrection. All manner of maps and plans were produced for government agencies, the military, the newspapers, and the large number of books published shortly after the event. The items reproduced here represent the most important examples in the cartographic record of the Saskatchewan Rebellion. Ranging from accurate, cleanly drawn maps detailing the course of events to rough, hand-drawn sketches, they effectively illustrate the story of Riel's last crusade.

L'insurrection de la Rivière-Rouge, en 1869–1870, a été, pour bien des habitants de l'Est du Canada, un fait divers très lointain survenu quelque part en Amérique du Nord, dans un pays jugé primitif et sauvage, et n'appartenant même pas au Canada. Ce mouvement de protestation ayant eu l'apparence d'un fait isolé et vite oublié, on comprend que peu de cartes aient été publiées sur le sujet.

Il en fut autrement de la rébellion de 1885, parfois appelée rébellion de la Saskatchewan. Depuis 1870, l'Ouest avait changé sensiblement. La civilisation, c'est-à-dire les colons, la Police montée et le chemin de fer, avait gagné les Prairies et faisait peu à peu reculer la frontière de l'Ouest canadien. Les habitants de l'Est voyaient dans l'Ouest la nouvelle terre promise et commençaient à se rendre compte du potentiel qu'il offrait dans les domaines agricole et minier. En outre, l'Ouest appartenait désormais au Canada, et la Confédération, qui n'avait que deux ans en 1869, avait fait ses preuves et était maintenant acceptée. C'est en partie ce qui explique pourquoi la deuxième affaire Riel frappa vivement la plupart des Canadiens. Les nouveaux territoires du pays étaient menacés et l'unité canadienne en danger. Aussi la réaction des Canadiens à la nouvelle de l'éclatement de la violence fut-elle beaucoup plus vive et plus étendue qu'en 1869.

Pour cette raison et à cause du caractère beaucoup plus militaire des activités qui ont entouré la rébellion de 1885, l'événement suscita un immense intérêt et donna lieu à la réalisation d'un nombre de cartes beaucoup plus grand que celles tracées lors de la première insurrection. On dressa toutes sortes de cartes et de plans pour les organismes gouvernementaux, l'armée, les journaux et la grande quantité de livres publiés peu après l'événement. Les documents suivants constituent les témoignages cartographiques les plus importants en ce qui concerne la rébellion de la Saskatchewan. Cartes précises, bien dessinées, décrivant en détail les divers épisodes, ou croquis grossiers faits au crayon, ces documents illustrent bien le dernier effort de résistance de Riel.

Duck Lake

By early March 1885 the fires of discontent were flaming in the Saskatchewan district of the Canadian Northwest. Many half-breed and Métis claims from 1869/70 had gone unanswered by the federal government. In addition, there were growing fears among the mixed blood and native peoples of the West that the increasing numbers of white settlers would swamp them and push them further towards an ever diminishing frontier. As a result of this feeling of helplessness and bitterness, Louis Riel, in exile in Montana since the 1870s, had been persuaded to recross the border in 1884 and once more lead his people in what he believed to be a divine struggle against oppression and injustice. Soon after his return to Saskatchewan Riel established at Batoche his second provisional government in fifteen years. One of his first pronouncements was that no effort would be spared in the pursuit of Métis and Indian rights.

On 21 March Inspector L.N.F. Crozier, commanding the North West Mounted Police garrison at Fort Carlton, a short distance from Batoche, received an ultimatum from Riel to surrender or be exterminated. Crozier's response was to organize a volunteer militia from Prince Albert and to await reinforcement. On 26 March near Duck Lake, a small group of civilians and mounted police were met by a larger party of Métis and Indians under Gabriel Dumont, who demanded the surrender of the police. Heated words were tossed back and forth, but no shots were fired, and the police party returned to Fort Carlton. Emotions were at a dangerous level, police pride was injured, the Prince Albert volunteers were calling for blood, and Crozier was accused of being a coward. As a result, later that same day, Crozier and ninety-five men marched out of Fort Carlton to assert the authority of the Canadian government.

As the police drew close to Duck Lake, they perceived that the Métis, reinforced now by Indians and Riel himself, were waiting. Gabriel Dumont's brother, Isidore, and an Indian rode out to parley with Crozier. The parley turned out to be a ruse and a short hand-to-hand scuffle broke out before Crozier gave the order to fire. The battle of Duck Lake had begun. The rebels had infiltrated commanding positions on both sides of the trail and poured down a withering fire on the police. Finally, after more than twenty of his men had been shot, Crozier gave the order to

Le lac aux Canards

Au début de mars 1885, le mécontentement était grand dans le district de Saskatchewan, dans le Nord-Ouest canadien. Le gouvernement fédéral était resté sourd à un grand nombre de revendications formulées par les Métis depuis la période 1869–1870. En outre, les Métis et les indigènes de l'Ouest craignaient de plus en plus d'être submergés et repoussés toujours plus loin par les colons blancs dont le nombre grandissait sans cesse. Face à ce sentiment de désarroi et d'aigreur, Louis Riel, exilé au Montana depuis les années 1870, se laissa convaincre de revenir au Canada, en 1884, pour entreprendre de nouveau ce qu'il estimait être une guerre sainte contre l'oppression et l'injustice. Peu après son arrivée en Saskatchewan, il établit à Batoche son deuxième gouvernement provisoire en quinze ans, déclarant qu'aucun effort ne serait épargné pour protéger les droits des Métis et des Indiens.

Le 21 mars, l'inspecteur L.N.F. Crozier, commandant de la garnison de la Police montée du Nord-Ouest au fort Carlton, situé à une courte distance de Batoche, reçut un ultimatum où Riel le sommait de se rendre, sinon lui et ses hommes seraient exterminés. En guise de réponse, Crozier leva une troupe de volontaires devant partir de Prince-Albert, en attendant de recevoir du renfort. Le 26 mars, près du lac aux Canards, un petit groupe de civils et d'agents de la Police montée trouvèrent sur leur route un groupe plus nombreux de Métis et d'Indiens dirigés par Gabriel Dumont, qui les mit en demeure de rendre les armes. On échangea des mots vifs, mais aucun coup ne fut tiré et la troupe de police rentra au fort Carlton. Cependant, tout cela avait attisé les passions : la police était blessée dans sa fierté, les volontaires de Prince-Albert avaient soif de vengeance, et Crozier fut accusé de lâcheté. Aussi, le même jour, Crozier partait-il du fort Carlton à la tête de 95 hommes pour affirmer l'autorité du gouvernement canadien.

En approchant du lac aux Canards, la troupe de police s'aperçut que les Métis, maintenant appuyés par un groupe d'Indiens et Riel lui-même, étaient aux aguets. Le frère de Gabriel Dumont, Isidore, et un Indien s'avancèrent pour parlementer avec Crozier, mais c'était une ruse : une bagarre éclata avant que Crozier n'eût donné l'ordre de tirer. La bataille du lac aux Canards était engagée. Les rebelles, postés sur des hauteurs de part et d'autre de la

retreat. Had Riel not stopped the shooting it is likely that Crozier's party would have been annihilated.

So ended the battle of Duck Lake, the first armed confrontation between the government of Canada and Riel's rebels. Twelve of Crozier's men were killed and eleven more wounded; Riel had proved that the police were not invincible. As a result of Duck Lake, the rebels grew more confident, more Indians joined Riel, panic spread through the West, and the politicians in Ottawa at last realized that Riel was serious.

15 Treaty 6. Plan of Duck Lake Battlefield in Okemasis and Beardy Indian Reserves 96 and 97. Saskatchewan. Surveyed 1922. [Signed] Donald Robertson, Chief Surveyor, Dept. of Indian Affairs. G.P. 17th Feb. 1923. Indian Affairs Survey Records No. 1997 [Public Archives of Canada]

MANUSCRIPT: 50.8 × 35.0; 1:1,584

Although not drawn until 1922, this map of the Duck Lake battlefield effectively illustrates the first armed confrontation between the rebels and the government forces. The strategic rebel positions in the ravines, woods, and the abandoned house are clearly indicated, and the indefensible position of the police force shows why so many of Crozier's men were cut down during the first few moments of battle. The map lacks certain geographical exactitudes, but it is the only known plan depicting the battle.

piste, dirigeaient un feu nourri sur la police. Enfin, constatant que plus de vingt de ses hommes avaient été touchés, Crozier donna l'ordre de la retraite. Si Riel n'avait pas ordonné de cesser le feu, la troupe de Crozier aurait probablement été anéantie.

Ainsi se termina la bataille du lac aux Canards, première confrontation armée entre les autorités canadiennes et les insurgés de Riel. Du côté de Crozier, on comptait douze tués et onze blessés; Riel avait prouvé que la police n'était pas invincible. Après la bataille du lac aux Canards, les rebelles prirent de l'assurance, un nombre plus grand d'Indiens se rangèrent du côté de Riel, la panique se répandit dans l'Ouest et les dirigeants du pays, à Ottawa, s'aperçurent que Riel ne plaisantait pas.

15 [Traité n° 6. Plan du champ de bataille du lac aux Canards, dans les réserves indiennes n°s 96 et 97 d'Okemasis et de Beardy, en Saskatchewan. Dressé en 1922 et signé par Donald Robertson, arpenteur en chef, ministère des Affaires indiennes. G.P., le 17 février 1923. Dossier d'arpentage n° 1997 des Affaires indiennes] (Archives publiques du Canada)

MANUSCRIT : 50,8 × 35; échelle de 1/1 584

Cette carte du champ de bataille du lac aux Canards n'a été dressée qu'en 1922, mais elle illustre bien la première confrontation armée entre les rebelles et les forces gouvernementales. Les positions stratégiques des rebelles, cachés dans les ravins, dans les bois et dans une maison abandonnée, y sont nettement indiquées, et l'on comprend, en voyant la position indéfendable de la troupe de police, pourquoi Crozier a perdu tant d'hommes dès les premiers instants de la bataille. Cette carte comporte certaines inexactitudes au point de vue topographique, mais c'est le seul plan connu décrivant la bataille du lac aux Canards.

TREATY 6.

PLAN OF

Duck Lake Battlefield

IN

OKEMASIS AND BEARDY INDIAN RESERVES 96 AND 97.

SASKATCHEWAN

Scale ~ Two chains to an inch

Surveyed 1922.

Found old Pits
Planted I.P

I.P.T.

RESERVE

9.585

EAST BOUNDARY OF INDIAN

178°59'

10.61

Found I.P. marked I.R
also Dept of Interior
P.Pit marked

¼ east Sec. 7
Tp. 44, R.2, W.3rd Mer.

I.P.T.

180°49'

6.436

To Duck Lake

Depression
about 10ft deep

First position
occupied by rebels

Top of ridge from which rebels opened fire

89°14'

15.462

Bush
where Mounted Police
were placed for protection

R.N.W.M.P and
Prince Albert Volunteers
(Young party)

Point of parley
where first shot was fired

Sandy Thomas'
garden

15.328

269°14'

N.W.I.P.T.

To agency

To Fort Carlton

Log stables

House now occupied
by Sandy Thomas

House which was
occupied by rebels

I.P.T.

359°14'

17.043

I.P.T.

180°49'

52.484

Found large I.B.T.

DUCK LAKE

Chief Surveyor
Dept. of Indian Affairs

Frog Lake

Although the Duck Lake encounter was the actual beginning of the armed rebellion, it was at Frog Lake on 2 April 1885 that the full impact of Riel's challenge was felt. Frog Lake was a small settlement nestled between several Indian reserves in what is now northeastern Alberta. Three Cree chiefs (Big Bear, Wandering Spirit, and Miserable Man), along with their followers, spent the winter of 1884/85 near the settlement. The winter had been a hard one for the natives; game was scarce and the weather particularly cruel. Thomas Quinn, Indian Agent, and himself a half-breed, would not supply food unless the natives worked for their keep. Combined with these problems were the efforts by Louis Riel to stir up the natives against the white settlers of the West. The incident at Duck Lake undoubtedly gave new confidence to the Indians of the Saskatchewan area and provided the final impetus needed to force them into open rebellion.

On 2 April the Indians surrounding Frog Lake moved into the settlement to demand food and ammunition. Quinn stood firm and refused to listen to the heated demands of the natives. As a result, the emboldened Indians, led by Imasees and Wandering Spirit, began to take by force what they wanted. Had the whites in the settlement simply allowed them to do as they pleased, it is possible that the massacre may have been averted. Quinn, however, refused to obey an order from Wandering Spirit and was shot dead. This incident broke the fragile barrier that had been holding the Crees back, and the massacre began. Wandering Spirit urged his braves to kill all the whites, which they did, with the exception of two women and a Hudson's Bay Company official, William Bleasdell Cameron.

The massacre at Frog Lake heightened the panic spreading in western Canada and jolted the armchair observers in the East. From an uprising by the half-breeds and Métis, the rebellion was developing into a full-scale Indian war.

Le lac de la Grenouille

La bataille du lac aux Canards est l'événement qui a marqué le début de la rébellion armée, mais c'est au lac de la Grenouille, le 2 avril 1885, qu'on s'est rendu compte de la gravité de la situation. Il y avait, au lac de la Grenouille, un petit poste, blotti entre plusieurs réserves indiennes, dans cette région qui constitue maintenant le Nord-Est de l'Alberta. Trois chefs cris, Gros-Ours, Esprit-Errant et Homme-Misérable, accompagnés des membres de leurs tribus, passèrent l'hiver de 1884–1885 près de cette colonie. L'hiver avait été difficile pour les indigènes : le gibier était rare et le temps particulièrement rigoureux. Thomas Quinn, préposé de l'agence indienne, lui-même métis, ne voulait pas fournir de vivres aux indigènes à moins qu'ils ne travaillent pour assurer leur subsistance. D'autre part, Louis Riel essayait de les soulever contre les colons blancs de l'Ouest. L'incident du lac aux Canards contribua sans aucun doute à redonner confiance aux Indiens de la région de la Saskatchewan, qui s'engagèrent dès lors sur la voie de la rébellion ouverte.

Le 2 avril, les Indiens campés autour du lac de la Grenouille pénétrèrent dans le poste pour exiger des vivres et des munitions. Quinn resta ferme et refusa de céder à leurs demandes pressantes. Les Indiens, dirigés par Imasees et Esprit-Errant, s'enhardirent alors et firent main basse sur tout ce qu'ils voulaient. Si les colons blancs les avaient tout simplement laissés faire à leur guise, le massacre aurait peut-être été évité. Cependant, Quinn refusa d'obtempérer à un ordre d'Esprit-Errant et fut abattu. Cet incident fit sauter la fragile barrière qui retenait les Cris ; ce fut le signal du massacre. Esprit-Errant incita ses guerriers à tuer tous les blancs, ce qu'ils firent à l'exception de deux femmes et d'un employé de la Compagnie de la baie d'Hudson, William Bleasdell Cameron.

Le massacre du lac de la Grenouille augmenta la panique qui s'était emparée des habitants de l'Ouest et secoua l'indifférence des habitants de l'Est. Le soulèvement des Métis s'était transformé en une véritable guerre indienne.

16   Sketch Showing position of cemetery containing
       graves of men killed in Frog Lake massacre 1885 and
the position of buildings burned by the indians 1885. N.E. ¼
Sec. 10, Tp. 56, Rg. 3, W. 4th Mer. S.L. Evans D.L.S. 1922
[Public Archives of Canada]

INSET: Detail of cemetery: 24.5 × 19.0; 1:120

PHOTOCOPY: 36.0 × 49.0; 1:1,584

This plan, like the one depicting the Duck Lake battle, was
drawn in 1922. The cellars of buildings burned by the Crees
are indicated, but only the police barracks, abandoned at
the time of the massacre, and the stables are identified. The
other two cellars shown are probably those of the houses of
the Farm Instructor and the Indian Agent. Also indicated
on the plan are the two seven-foot crosses erected in mem-
ory of the Oblate fathers killed during the violent episode.
The cemetery, containing the graves of seven men killed at
Frog Lake along with the grave of Constable Cowan, killed
near Fort Pitt a few days after the massacre, is also shown.

*17   Plan Indian Reserve Treaty No. 6 North Saskatche-
       wan River. Chief Oo nee pow o hay oo. Shewing
alterations in boundaries. 1884. Certified correct [Signed]
A.W. Ponton Dominion Land Surveyor Indian
Office Regina Assa. March 19th 1885 [Public Archives of
Canada]

COLOURED MANUSCRIPT: 51.0 × 45.0; 1:31,680

A survey plan of Frog Lake and the settlement drawn in
1884 and approved only fourteen days prior to the massacre.

16   [Esquisse situant le cimetière où sont les tombes des
       hommes tués au cours du massacre du lac de la Gre-
nouille, en 1885, et indiquant la position des bâtiments
brûlés par les Indiens, en 1885. N.-E. ¼ Section 10, Canton
56, Rang 3, 4ᵉ mér. O.; S.L. Evans, arpenteur fédéral,
1922] (Archives publiques du Canada)

CARTON : [Détail du cimetière] : 24,5 × 19; échelle de 1/120

PHOTOCOPIE : 36 × 49; échelle de 1/1 584

Comme celui qui décrit la bataille du lac aux Canards, ce
plan a été dressé en 1922. Les caves des bâtiments incendiés
par les Cris sont indiquées, mais seules la caserne de police,
abandonnée au moment du massacre, et les étables sont
identifiées. Les deux autres caves que l'on aperçoit sont
probablement celles des maisons du conseiller agricole et du
préposé de l'agence indienne. Le plan indique aussi les deux
croix de sept pieds érigées à la mémoire des pères oblats tués
au cours du massacre. On peut également voir le cimetière
abritant les tombes de sept hommes tués au lac de la Grenouille, ainsi que la tombe de l'agent Cowan, tué près du
fort Pitt, quelques jours après le massacre.

*17   [Plan de la réserve indienne établie par le traité nº 6, à
       la rivière Saskatchewan-Nord. Le chef Oo nee pow o
hay oo. Indication des modifications de frontières. 1884.
Certifié conforme et signé par A.W. Ponton, arpenteur
fédéral, agence indienne, Regina, Assiniboine. Le 19 mars
1885] (Archives publiques du Canada)

MANUSCRIT EN COULEURS : 51 × 45; échelle de 1/31 680

Plan d'arpentage du lac de la Grenouille et du poste établi à
cet endroit; tracé en 1884, il ne fut approuvé que quatorze
jours avant le massacre.

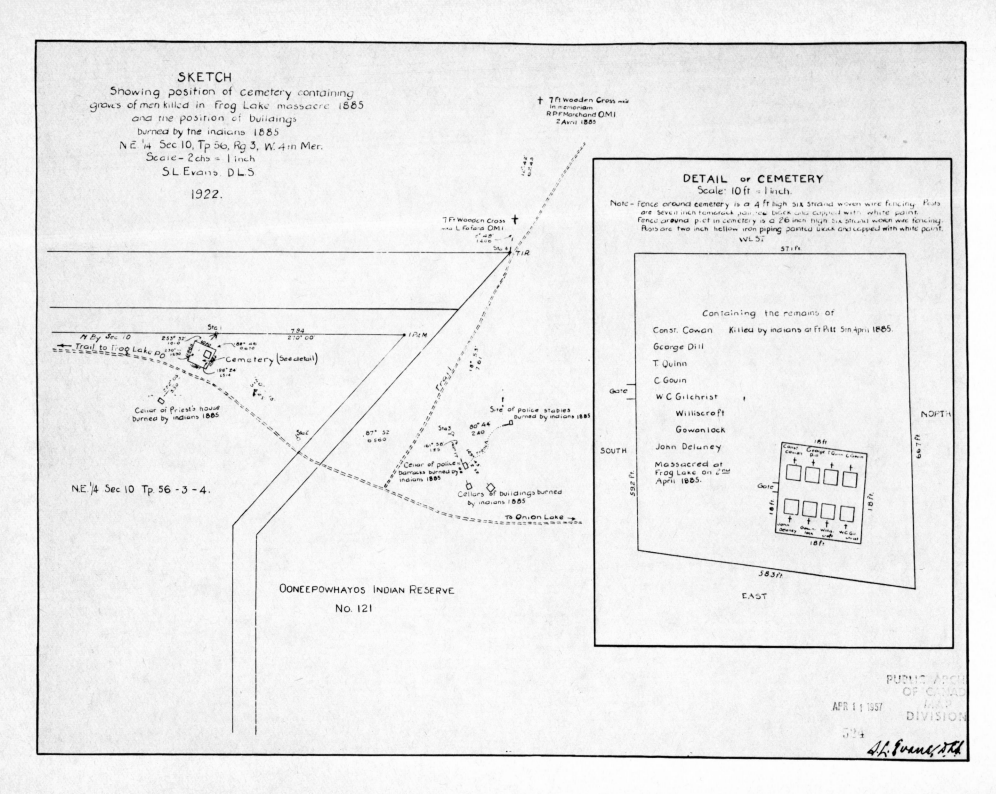

SKETCH
Showing position of cemetery containing
graves of men killed in Frog Lake massacre 1885
and the position of buildings
burned by the indians 1885
N.E. ¼ Sec 10, Tp 56, Rg 3, W. 4th Mer.
Scale - 2 chs = 1 inch
S.L. Evans. D.L.S

1922.

† 7 ft Wooden Cross m'd
in memoriam
R.P.F Marchand OMI
2 Avril 1885

7 Ft Wooden Cross
m'd L Fafard OMI †

N By Sec 10
← Trail to Frog Lake P.O.

Cemetery (See detail)

Cellar of Priest's house
burned by indians 1885

N.E. ¼ Sec 10 Tp. 56 - 3 - 4.

Site of police stables
burned by indians 1885

Cellar of police
barracks burned by
indians 1885

Cellars of buildings burned
by indians 1885

To Onion Lake →

OONEEPOWHAYOS INDIAN RESERVE
No. 121

DETAIL OF CEMETERY
Scale: 10 ft = 1 inch.

Note - Fence around cemetery is a 4 ft high six strand woven wire fencing. Posts
are seven inch tamarack painted black and capped with white paint.
Fence around plot in cemetery is a 26 inch high six strand woven wire fencing.
Posts are two inch hollow iron piping painted black and capped with white paint.

WEST

57.1 ft

Containing the remains of

Const. Cowan   Killed by indians at Ft Pitt 5th April 1885.

George Dill

T. Quinn

C. Gouin

W.C Gilchrist

Williscroft

Gowanlock

John Delaney

Massacred at
Frog Lake on 2nd
April 1885.

Gate

SOUTH

592 Ft.

NORTH

667 ft

18 ft

Const. Cowan | George Dill | T. Quinn | C. Gouin

Gate

18 ft

John Delaney | Gowan lock | Willis croft | W.C Gil christ

18 ft

583 ft

EAST

S.L. Evans, DLS

34

Battleford

With the defeat of the North West Mounted Police at Duck Lake and as a result of scattered incidents of violence across the territory, the settlers of western Canada became increasingly concerned for their safety. Nowhere were the fears stronger than in the small town of Battleford, the territorial capital and an obvious target for Riel. The town, located between Batoche and Fort Pitt, was ringed by Indian reserves.

By the end of March 1885 the danger had become acute. Riel was urging the natives to attack the town and little military relief was expected. On the 27th the emboldened Indians drew closer to the settlement and forced most of the citizens to take refuge behind the flimsy walls of the mounted police fort on the north side of the Battle River.

On the 29th the rest of the townspeople and surrounding settlers abandoned their homes and farms to the Indians and fled into the fort. From the end of March until late April, when Battleford was relieved by Colonel William Otter, the townspeople were virtual prisoners in the fort while bands of roving Indians looted and burned the homes and farms on the outskirts of the town.

Battleford

Après la défaite de la Police montée au lac aux Canards et les différents éclats de violence survenus sur le territoire, les colons de l'Ouest canadien commencèrent à s'inquiéter sérieusement pour leur sécurité, en particulier les habitants de la petite ville de Battleford, la capitale territoriale, qui constituait une cible idéale pour Riel. Située entre Batoche et le fort Pitt, Battleford était entourée de réserves indiennes.

À la fin de mars 1885, Riel incitant les Indiens à attaquer la ville, qui n'escomptait guère de renfort militaire, le danger était devenu imminent. Le 27 mars, les Indiens enhardis s'approchèrent de la ville et obligèrent la plupart des citoyens à se réfugier derrière les fragiles murs du fort de la Police montée, au nord de la rivière Bataille. Le

29, le reste des habitants et les colons des alentours abandonnèrent leurs maisons et leurs fermes et allèrent s'abriter dans le fort. De la fin de mars jusqu'aux derniers jours d'avril, c'est-à-dire jusqu'à la libération de Battleford par le colonel William Otter, les habitants de la ville restèrent pour ainsi dire emprisonnés dans le fort, tandis que des bandes d'Indiens errants pillaient et incendiaient les maisons et les fermes se trouvant aux abords de la ville.

18   Battleford N.W.T. Grip Co. Eng. [From: Charles
     Pelham Mulvaney, *The History of the North West
     Rebellion of 1885*, p. 106]

PRINT: 6.2 × 10.0

This map illustrates the location and character of Battleford
in 1885. The surrounding Indian reserves are indicated as
are the trails leading to other points in the Northwest.

*19 Sketch plan of Battleford N.W.T. 1881 [Public Ar-
     chives of Canada]

COLOURED MANUSCRIPT: 54.4 × 74.8

Drawn in 1881, this plan serves as an excellent depiction of
the prairie town. The government buildings, businesses,
and residences are all identified.

18   [Battleford, T. N.-O., Grip Co. Eng. Tiré de : Charles
     Pelham Mulvaney, *The History of the North West
     Rebellion of 1885*, p. 106]

GRAVURE : 6,2 × 10

Cette carte montre l'emplacement et l'aspect de Battleford
en 1885. Les réserves indiennes avoisinantes sont indiquées, de même que les pistes menant à d'autres endroits
du Nord-Ouest.

*19 [Plan esquissé de Battleford, T. N.-O., 1881]
     (Archives publiques du Canada)

MANUSCRIT EN COULEURS : 54,4 × 74,8

Dressé en 1881, ce plan de Battleford fournit une excellente
description de la ville. On peut y voir les différents immeu-
bles du gouvernement, les établissements commerciaux et
les habitations.

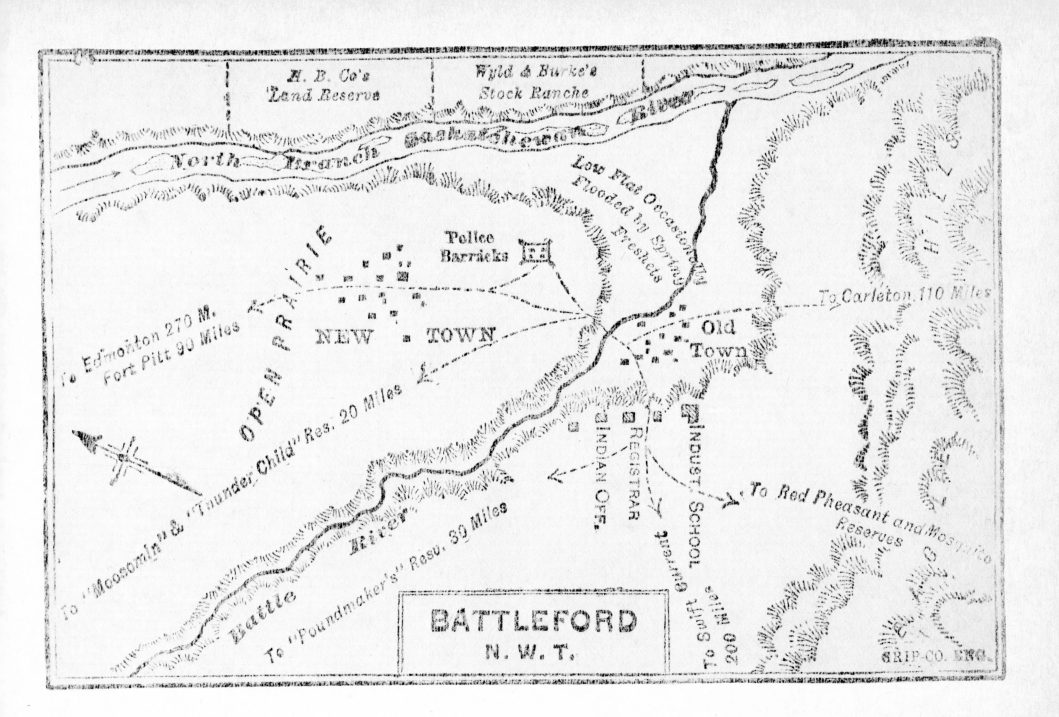

Fish Creek

By early April 1885 the events at Duck Lake, Frog Lake, Fort Pitt, and Battleford had spread panic throughout the Northwest. The federal government had been organizing militia forces since early March and by the beginning of April was preparing to carry the battle to the rebels.

Major-General Frederick Middleton had arrived in Winnipeg on 27 March and was there informed of the battle of Duck Lake. The Winnipeg militia, the 90th Rifles, had been hastily organized prior to Middleton's arrival, and with these untried troops the General set out for Qu'Appelle, the nearest railway point to Batoche.

On 6 April Middleton marched out of Fort Qu'Appelle on his way to attack the rebel headquarters at Batoche. After eleven days of hard marching through 26°F below zero weather, the troops arrived at Clarke's Crossing on the Saskatchewan. At this point, Middleton received reinforcements and decided to divide his troops. Half of the force would cross the river and proceed towards Batoche, while Middleton himself would lead an equal force on the east bank toward the rebel capital. By this strategy, Middleton hoped to catch Riel in a pincer movement.

The Métis under Riel, however, were fully aware of Middleton's movements and were receiving reports from several spies in the General's midst. On 23 April Gabriel Dumont led a small column of Métis and Indians out of Batoche. When they reached Fish Creek, a small winding

L'anse aux Poissons

Au début d'avril 1885, les événements du lac aux Canards, du lac de la Grenouille, du fort Pitt et de Battleford avaient semé la panique dans le Nord-Ouest du Canada. Le gouvernement fédéral avait organisé une milice depuis le début de mars et, au début d'avril, il s'apprêtait à la diriger contre les rebelles.

Le major général Frederick Middleton, arrivé à Winnipeg le 27 mars, apprit ce qui s'était passé au lac aux Canards. La milice de Winnipeg, 90th Winnipeg Rifles, avait été mise sur pied à la hâte avant l'arrivée de Middleton ; c'est à la tête de ces troupes neuves que le major général partit pour Qu'Appelle, l'endroit le plus près de Batoche par chemin de fer.

Le 6 avril, Middleton quitta le fort Qu'Appelle pour aller attaquer le quartier général des rebelles à Batoche. Après onze jours de marche pénible, par un froid de 26°F sous zéro, les troupes atteignirent la traverse de Clarke, sur la Saskatchewan. Middleton, qui reçut alors des renforts, décida de diviser ses troupes. La moitié du régiment devait passer du côté ouest de la rivière et s'avancer parallèlement à l'autre, dirigée par Middleton, jusqu'à Batoche, occupée par les rebelles. En employant cette stratégie, Middleton espérait coincer Riel comme dans un étau.

Cependant, les Métis sous les ordres de Riel avaient plusieurs espions dans les rangs de Middleton, et étaient parfaitement au courant des mouvements des troupes. Le 23 avril, Gabriel Dumont quitta Batoche à la tête d'une petite colonne de Métis et d'Indiens. Lorsqu'ils atteignirent l'anse aux Poissons, un petit cours d'eau tortueux aux rives escarpées et couvertes d'arbres, Dumont ordonna à ses hommes de se déployer et de se cacher dans des fossés de tir. C'est à cet endroit qu'il voulait prendre en embuscade les troupes de Middleton.

Celui-ci leva le camp tôt, le 24 avril. En approchant des rives escarpées de l'anse aux Poissons, les éclaireurs du contingent militaire décelèrent des signes d'activité

stream with steep, overgrown banks, Dumont ordered his men to deploy and conceal themselves in rifle pits. It was here that Dumont intended to ambush Middleton's column.

The General led his troops out of camp early on the 24th. As they drew closer to the steep banks of Fish Creek, the government scouts began seeing signs of recent activity. Then suddenly they came under fire from rebels concealed at the edge of the creek valley. Dumont's planned ambush had failed; his foremost troops, those on the lip of the slope, were either overzealous or frightened by the approach of the government troops and opened fire before Middleton had led his men down into the creek bottom. The General deployed his force along the lip of the valley, where they ineffectively attempted to locate the well-hidden rebels. Dumont's men, however, were able to concentrate accurate fire on the troops silhouetted against the skyline. Confusion seemed the order of the battle, Middleton's troops alternately attacking and retreating in small groups, and Dumont's men sniping and looking for a way out.

Finally after 55 of Middleton's force of 350 had been cut down the General decided to retreat, at the same time that Dumont decided it was better to fall back and live to fight another day than it was to die in the murky waters of Fish Creek.

Gabriel Dumont's planned ambush had failed, but he had won a victory. Middleton's casualties were heavy, whereas the rebels had lost only four men. In addition, Dumont had held up Middleton's advance for a day and delayed the battle of Batoche for two weeks.

récente. Puis, tout à coup, ils durent essuyer le feu des rebelles embusqués sur le bord de la vallée. L'embuscade préparée par Dumont avait échoué; son avant-garde, postée sur le bord de la colline, faisant preuve d'un zèle intempestif ou prenant peur à l'approche des forces gouvernementales, ouvrit le feu avant que celles-ci ne se soient vraiment engagées dans la vallée. Le major général Middleton déploya ses troupes le long de l'entrée de la vallée, mais c'est en vain qu'elles cherchèrent les rebelles bien embusqués. Par contre, les hommes de Dumont, eux, purent faire feu avec une assez grande précision sur les troupes ennemies qui se profilaient à l'horizon. La bataille fut marquée par la confusion, les hommes de Middleton attaquant et retraitant par petits groupes, tandis que les hommes de Dumont canardaient les militaires tout en cherchant à s'échapper.

Enfin, après avoir perdu 55 de ses 350 hommes, Middleton décida de battre en retraite; Dumont, préférant se replier plutôt que de terminer ses jours dans les eaux ténébreuses de l'anse aux Poissons, fit de même.

L'embuscade préparée par Gabriel Dumont avait échoué, mais c'était tout de même une victoire. Les rebelles ne comptaient que quatre tués, alors que Middleton avait subi de lourdes pertes. Dumont avait en outre freiné le mouvement des troupes de Middleton et retardé de deux semaines la bataille de Batoche.

20   Facsimile of a Plan, showing the position of the Cana-
     dian Forces at Clark's Crossing, found by Major-
General Sir Frederick Middleton among the papers of Louis
Riel, at Batoche. Canada Bank Note Co., Lim., Lith. Plate
XVII [From: Canada, Sessional Papers (No. 6), *Report upon
the Suppression of the Rebellion in the North-West Territories and Matters in Connection Therewith, in 1885*,
following p. 384]

COLOURED PRINT: 22.8 × 35.3

This plan was found among Riel's papers after the battle of
Batoche and indicates the extent to which the rebels were
aware of General Middleton's movements. It is believed
that Jerome Henry, a Métis teamster attached to the troops
and a spy for Riel, drew this sketch and dispatched it to Riel
at Batoche. The map lacks geographical exactitude, but it
effectively indicates Middleton's position.

20   Fac-simile d'un plan, montrant la position des forces
     canadiennes à la traverse de Clark, trouvé par général
Sir Frederick Middleton, parmi les papiers de Louis Riel, à
Batoche. Canada Bank Note Co., Lim. Lith. Planche XVII.
[Tiré de : Canada, *Documents parlementaires*, n° 6 (1886) :
*Rapport sur la répression de l'insurrection dans les Ter-
ritoires du Nord-Ouest ...*, p. 385]

GRAVURE EN COULEURS : 22,8 × 35,3

Ce plan, trouvé dans les papiers de Riel après la bataille de
Batoche, montre que les rebelles étaient bien au courant des
déplacements de Middleton. On pense que ce croquis fut
exécuté par Jérôme Henry, charretier métis attaché aux
forces gouvernementales et faisant de l'espionnage pour le
compte de Riel. La carte, dressée par Henry, puis envoyée à
Riel, à Batoche, n'est pas très exacte au point de vue
géographique, mais elle indique bien la position des troupes
de Middleton.

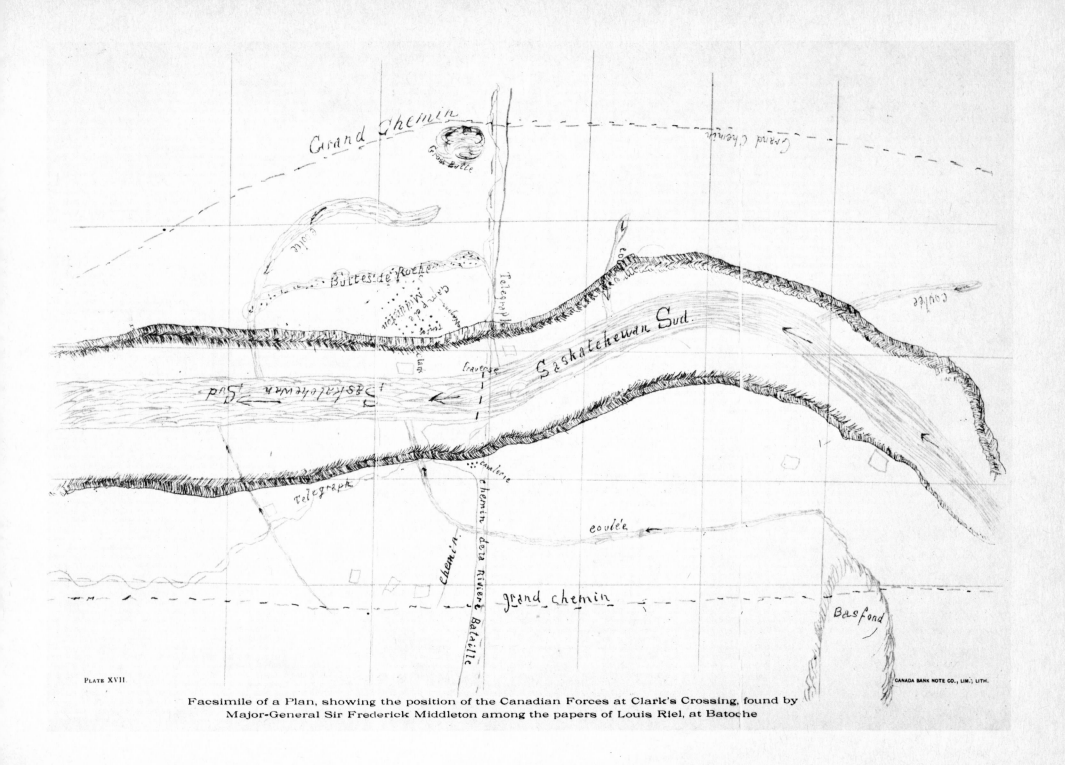

Grand Chemin

Gross Butte

Grand chemin

Grand chemin

Buttes de Roche

Camp de Middleton

Telegraph

Saskatchewan Sud.

coulée

Saskatchewan Sud.

traverse

cavalerie

coulée

Telegraph

chemin de la Rivière Bataille

chemin

coulée

grand chemin

Basfond

PLATE XVII.

CANADA BANK NOTE CO., LIM.; LITH.

Facsimile of a Plan, showing the position of the Canadian Forces at Clark's Crossing, found by
Major-General Sir Frederick Middleton among the papers of Louis Riel, at Batoche

21　Plan of the battlefield of Fish Creek, N.W.T. Fought
　　20th April, 1885. H. de H. Haig, Capt. R.E., Del.
Canada Bank Note Co., Lith. Plate I [From: Canada, Sessional Papers (No. 6), *Report upon the Suppression of the
Rebellion in the North-West Territories …*]

COLOURED PRINT: 23.5 × 14.7; 1:10,560

Captain H. Haig was a Royal Engineer and draughtsman
attached to General Middleton's force as quartermaster.

Haig was present at Fish Creek and Batoche and drew maps
and sketches of both battle sites.

This excellent map of the Fish Creek battlefield points
out both the positions of the rebels and those of the expeditionary force, and indicates to some extent the nature
of the country. Rebel rifle pits, houses, cannon placements,
and other features are shown. Contour lines at 20-foot
intervals indicate topography, and notes describe the
character of vegetation.

The letters A to H on Haig's map refer to cross-
sectional drawings and views of segments of the Fish Creek
site. All of the sketches (see overleaf), especially the view
from C to D, provide an excellent depiction of the topographic and vegetational characteristics of the battle scene
and serve to further increase the value of the map.

Note that the date of the battle indicated on the map is
incorrect.

21　Plan du Champ de Bataille du Ruisseau au Poisson, 20
　　avril 1885. H. de H. Haig, Capt. R.E., Del. Canada
Bank Note Co., Lith. Planche I [Tiré de : Canada, *Documents parlementaires*, n° 6 (1886) : *Rapport sur la répression de l'insurrection dans les Territoires du Nord-
Ouest …*]

GRAVURE EN COULEURS : 23,5 × 14,7; échelle de 1/10 560

Le capitaine H. Haig, qui faisait partie du Corps royal du
génie, était un dessinateur affecté au contingent du général

Middleton en tant que quartier-maître. Haig se trouvait à
l'anse aux Poissons et à Batoche et traça des cartes et des
esquisses des champs de bataille.

Cette excellente carte indique les positions des rebelles
et du corps expéditionnaire, et donne un aperçu du relief. Y
figurent également l'emplacement des tranchées ennemies,
des maisons, des canons ainsi que d'autres indications. Les
lignes de contour sont à vingt pieds d'intervalle et elles
indiquent la topographie alors que les notes décrivent la
végétation.

Les lettres A à H indiquent des dessins et des vues
recoupés de certaines parties des lieux. Toutes les esquisses
(voir au verso), notamment celles comportant les lettres C
et D, évoquent fort bien la topographie et la végétation et
dotent la carte d'une plus grande valeur.

Prière de noter que la date de la bataille est incorrecte.

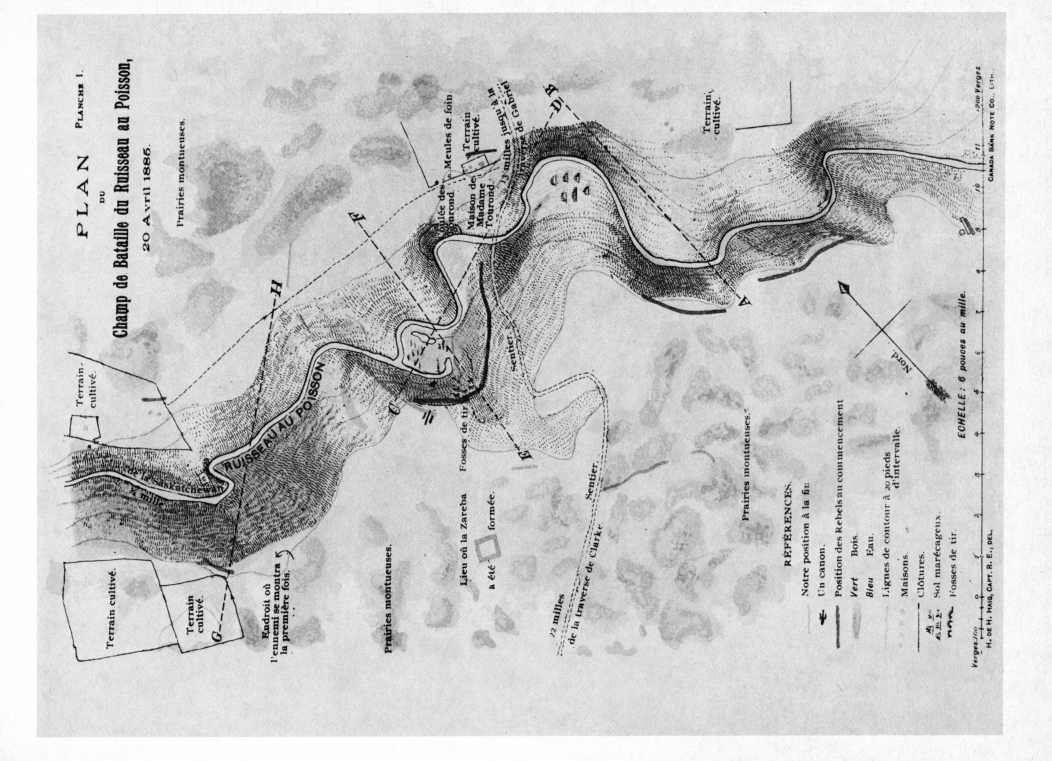

PLAN

PLANCHE I.

DU

Champ de Bataille du Ruisseau au Poisson,

20 Avril 1885.

Prairies montueuses.

Terrain cultivé.

Terrain cultivé.

Terrain cultivé.

Endroit où l'ennemi se montra la première fois.

Prairies montueuses.

Meules de foin.

Terrain cultivé.

Coulée des Tourond.

Maison de Madame Tourond.

13 milles jusqu'à la Traverse de Gabriel.

Terrain cultivé.

RUISSEAU AU POISSON

de la Saskatchewan.

½ mille.

Lieu où la Zareba a été formée.

Fosses de tir.

Sentier.

Sentier.

Prairies montueuses.?

22 milles de la traverse de Clarke.

Nord

RÉFÉRENCES.

Notre position à la fin.

Un canon.

Position des Rebels au commencement

Vert   Bois.

Bleu   Eau.

Lignes de contour à 20 pieds d'intervalle.

Maisons.

Clôtures.

Sol marécageux.

Fosses de tir.

ECHELLE : 6 pouces au mille.

Verges 100 0 1 2 3 4 5 6 7 8 9 10 11 1,200 Verges

H. DE H. HAIG, CAPT. R. E., DEL.

CANADA BANK NOTE CO., LITH.

H. DE H. HAIG, CAPT. R. E., DEL.

CANADA BANK NOTE CO., LITH.

Fish Creek. View from A looking towards B. Plate II.
Ruisseau au Poisson. (Fish Creek.) Vue de A dans la direction de B. Planche II.

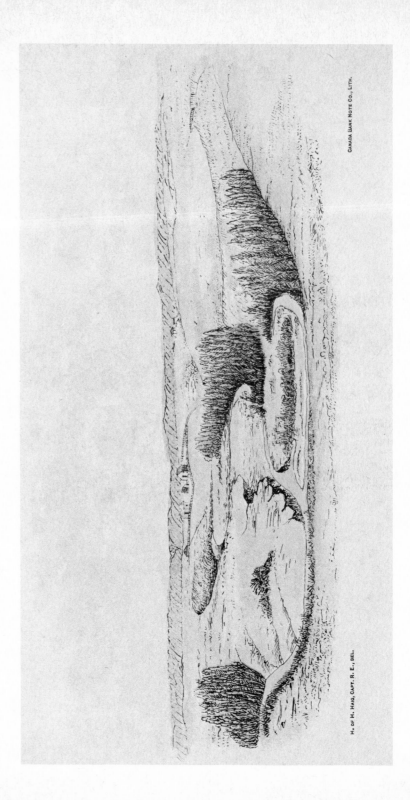

H. DE H. HAIG, CAPT. R. E., DEL.

CANADA BANK NOTE CO., LITH.

Fish Creek. View from C looking towards D. Plate III.
Ruisseau au Poisson. (Fish Creek.) Vue de C dans la direction de D. Planche III.

H. DE H. HAIG, CAPT. R. E., LITH.

TRAIL

CANADA BANK NOTE CO., LITH.

Fish Creek. View from E looking towards F. Plate IV.

Ruisseau au Poisson. (Fish Creek.) Vue de E dans la direction de F. Planche IV.

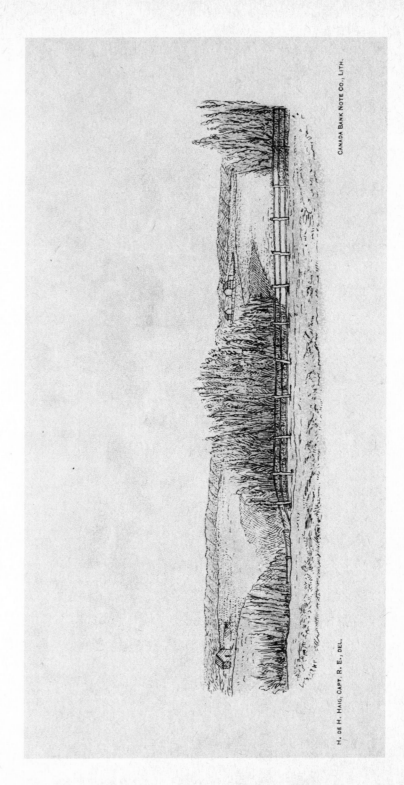

H. DE H. HAIG, CAPT. R. E., DEL.

CANADA BANK NOTE CO., LITH.

Fish Creek. View from G looking towards H. Plate V.

Ruisseau au Poisson. (Fish Creek.) Vue de G dans la direction de H. Planche V.

22 Fish Creek. Enlarged plan of rifle pits. H. de H. Haig, Capt. R.E., Del. Canada Bank Note Co., Lith. Plate VI [From: Canada, Sessional Papers (No. 6), *Report upon the Suppression of the Rebellion ...*]

COLOURED PRINT: 12.0 × 12.0; 1:3,520

After the battle Haig made an examination of the enemy rifle pits and drew a large-scale map illustrating their placement near an oxbow of the creek. It was from these rifle pits that Gabriel Dumont and his men concentrated a heavy fire upon the troops. The strategic value of the position is obvious. Some of the rifle pits were surrounded on three sides by water and marshy ground, and others were in a more forward position yet close enough to the oxbow to allow an easy retreat when necessary. No doubt Gabriel Dumont, ever the strategist, chose these placements.

The map also gives contour lines and points out two places 'where a dead Indian was found.' These bodies were, incidentally, two of only three rebel dead found by the troops after the battle.

*23 Plan of the battle-field of Fish Creek, N.W.T. fought 24th April, 1885. By Captain Haig R.E. [From: Major Charles A. Boulton, *Reminiscences of the North West Rebellions*, opp. p. 236]

COLOURED PRINT: 21.8 × 14.3; 1:10,560

An amended version of Haig's original sketch (Map 21). One feature of note not on Haig's map is a numeric index locating the points at which soldiers were killed.

*24 Plan of the Battle of Fish Creek, on the 24th April, 1885. By the North West Field Force, under the command of General Sir Fred. Middleton, C.B., KCMG. By G.F. Cole, B.Q.M. Robt. D. Richardson, Publisher, Winnipeg, Man. Entered according to Act of Parliament, in the year One Thousand Eight Hundred and Eighty-Six, by Geo. F. Cole, in the office of the Minister of Agriculture [Public Archives of Canada]

COLOURED PRINT: 45.0 × 57.0

An oversimplified sketch of the battle drawn largely from secondary sources. Included with this map, however, is a roster of the officers in command and a list of the killed and wounded.

---

22 Ruisseau au Poisson. Localité où étaient les fosses de tir. H. de H. Haig, Capt. R.E., Del. Canada Bank Note Co., Lith. Planche VI [Tiré de : Canada, *Documents parlementaires*, n° 6 (1886) : *Rapport sur la répression de l'insurrection dans les Territoires du Nord-Ouest ...*]

GRAVURE EN COULEURS : 12 × 12 ; échelle de 1/3 520

Après la bataille, Haig examina les tranchées ennemies et traça une carte à grande échelle pour illustrer leur emplacement près d'un bras du ruisseau. C'est de ces tranchées que Gabriel Dumont et ses hommes firent feu sur les troupes. La valeur stratégique de l'emplacement est évidente. Quelques-unes des tranchées étaient entourées d'eau et de marais de trois côtés alors que d'autres étaient plus à l'avant mais tout de même assez près de la terre pour permettre une retraite précipitée. Nul doute que Gabriel Dumont, fin stratège, en avait décidé ainsi.

La carte indique également les lignes de contour et deux endroits « On a trouvé ici un Sauvage mort » . Ces corps n'étaient que deux des trois decouverts par les troupes à l'issue du combat.

*23 [Plan, dressé par le capitaine Haig, R.E., des lieux où se déroula la bataille de l'anse aux Poissons, T. N.-O., le 24 avril 1885. Tiré de : C.A. Boulton, *Reminiscences of the North West Rebellions*, en regard de la p. 236]

GRAVURE EN COULEURS : 21,8 × 14,3 ; échelle de 1/10 560

Cette version modifiée du croquis original de Haig (carte n° 21) comporte un élément qui ne se trouve pas sur la carte de Haig : un index numérique indiquant les endroits où des soldats furent tués.

*24 [Plan de la bataille de l'anse aux Poissons, livrée le 24 avril 1885, par la North West Field Force, sous le commandement du général Sir Fred. Middleton, C.B., K.C.M.G. Dressé par le quartier-maître de batterie, G.F. Cole. Robert D. Richardson, éditeur, Winnipeg, Man. Enregistré conformément à l'Acte du Parlement, en l'année mil huit cent quatre-vingt-six, par Geo. F. Cole, au bureau du ministre de l'Agriculture] (Archives publiques du Canada)

GRAVURE EN COULEURS : 45 × 57

On a annexé à ce croquis très simplifié de la bataille, tracé dans une large mesure à partir de sources secondaires, un tableau de service des chefs d'unité ainsi qu'une liste des tués et des blessés.

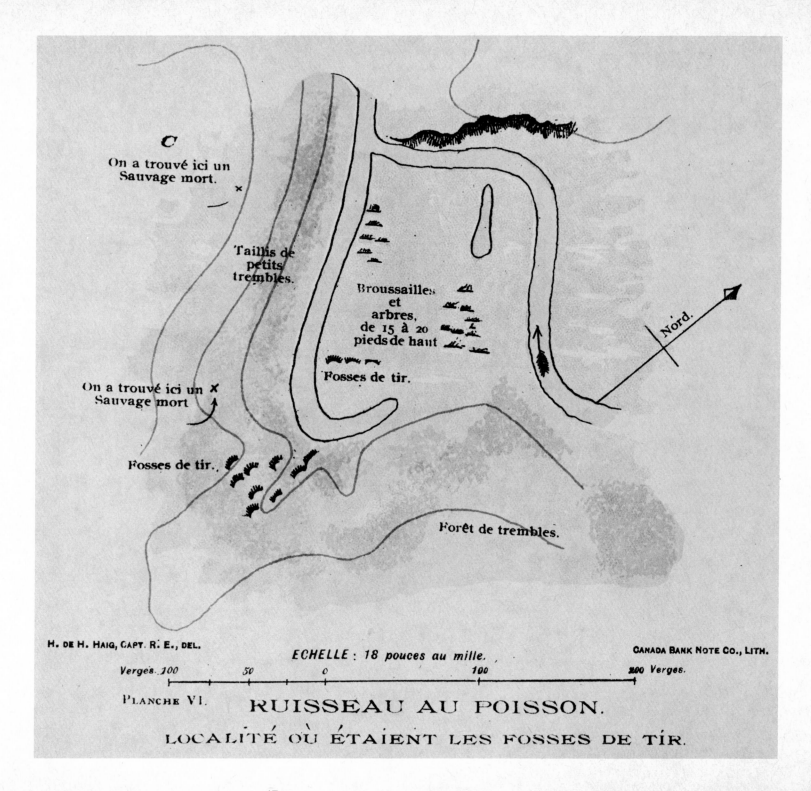

C

On a trouvé ici un
Sauvage mort.

Taillis de
petits
trembles.

Broussailles
et
arbres,
de 15 à 20
pieds de haut

Nord.

On a trouvé ici un ×
Sauvage mort

Fosses de tir.

Fosses de tir.

Forêt de trembles.

H. DE H. HAIG, CAPT. R. E., DEL.

ECHELLE : 18 pouces au mille.

CANADA BANK NOTE CO., LITH.

Verges 100   50   0   100   200 Verges.

PLANCHE VI.   RUISSEAU AU POISSON.

LOCALITÉ OÙ ÉTAIENT LES FOSSES DE TIR.

25 Fish Creek. Map of the field of battle of the 24th of
April [From: *The Riel Rebellion. 1885*, 1st ed., p. 16]

PRINT: 14.4 × 17.5

This map, to a great degree, is similar to Haig's plan (Map
21) but with the added feature that it shows the relationship
of Fish Creek to the Saskatchewan River.

*26 Rough sketch of site of engagement at Fish Creek
[From: *The Toronto Daily Mail*, Saturday, 9 May
1885, p. 4]

PRINT: 15.0 × 21.4

A rather inaccurate depiction of the battle scene. The map
is, however, representative of the distorted plans presented
to the public by eastern newspapers.

25 [L'anse aux Poissons. Carte du champ de bataille du
24 avril. Tirée de : *The Riel Rebellion. 1885*, 1re édition, p. 16]

GRAVURE : 14,4 × 17,5

Cette carte ressemble beaucoup au plan de Haig (carte
n° 21), mais elle montre en plus la situation de l'anse aux
Poissons par rapport à la rivière Saskatchewan.

*26 [Esquisse sommaire du site où se produisit l'affronte-
ment de l'anse aux Poissons. Tiré de : *The Toronto
Daily Mail*, samedi, le 9 mai 1885, p. 4]

GRAVURE : 15 × 21,4

Cette représentation passablement inexacte du champ de
bataille nous donne toutefois une idée de la nature des plans
publiés par les journaux de l'Est.

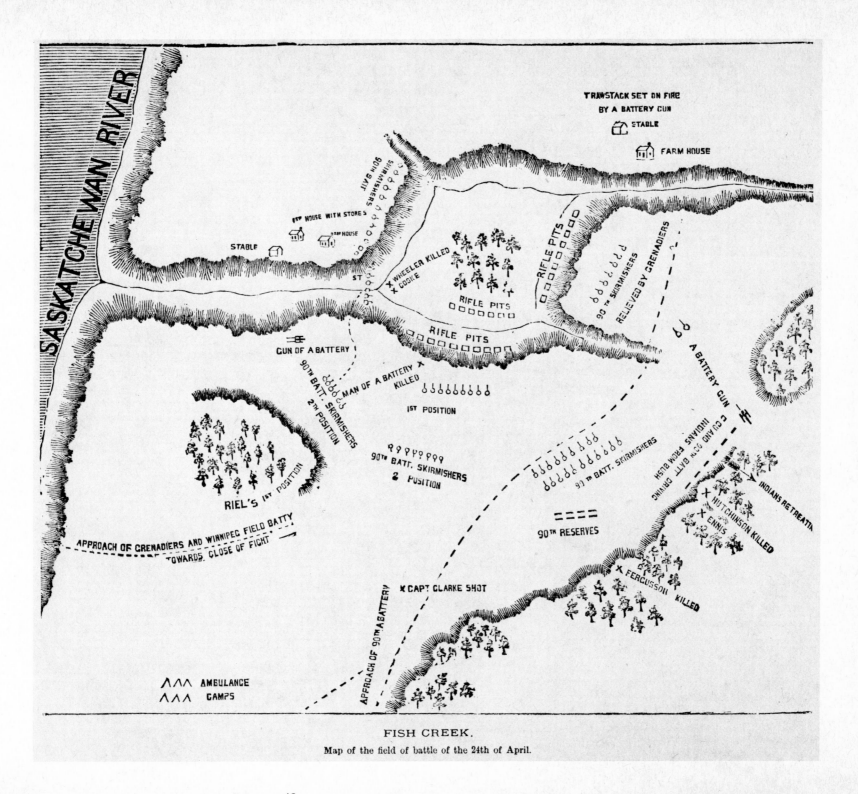

FISH CREEK.

Map of the field of battle of the 24th of April.

27 Battle of Fish Creek. Founded on the Dominion Lands
  Map of Township 41, page 2, west of the Third Meri-
dian. Sketches by Mr. F.W. Curzon, special artist of "The
Illustrated War News", with General Middleton's Expedi-
tion, and personal information furnished by members of
corps who participated in the engagement. Published by
Grip P.P. Co. Toronto. Toronto Lithographing Co. [Public
Archives of Canada]

COLOURED PRINT: 44.0 × 62.0

A panoramic view of the battle scene at Fish Creek. This
view in fact is much better in its denotation of physical
features than is the view of Cut Knife Hill (Map 32), and is
more realistic and accurate in its depiction of troop positions than either the Cut Knife sketch or Curzon's similar
one of Batoche (Map 38).

  The view dramatically emphasizes the strong positions held by Dumont and his men and provides the viewer
with an excellent rendition of the facts of the engagement.

*28 Plan showing graves of soldiers killed at Fish Creek.
  Section 23 township 41. Range II. West IIId. Principal
Meridian N.W.T. Certified correct Alexander Sproah
D.L.S. Prince Albert 1st February 1886 [Public Archives of
Canada]

COLOURED MANUSCRIPT: 57.0 × 30.0; 1:7,920

The area depicted by this plan is now designated as a
historic site.

27 [Bataille de l'anse aux Poissons. Sur la carte des terres
  fédérales du 41ᵉ canton, page 2, à l'ouest du troisième
méridien. Croquis de F.W. Curzon, principal artiste de The
Illustrated War News, rattaché à l'expédition du général
Middleton et renseignements fournis par les membres du
contingent qui ont participé à l'engagement. Publiée par
Grip P.P. Co. de Toronto. Toronto Lithographing Co.]
(Archives publiques du Canada)

GRAVURE EN COULEURS : 44 × 62

Une vue panoramique de l'engagement à l'anse aux Poissons. Elle se veut une description beaucoup plus fidèle du
relief que ne l'était l'esquisse de la colline de Couteau-
Coupé (carte nᵒ 32) ainsi qu'un aperçu beaucoup plus
réaliste et exact de l'emplacement des troupes que l'esquisse de Couteau-Coupé ou celle de Batoche exécutée par
Curzon (carte nᵒ 38).

  Ce panorama accentue de façon saisissante les positions stratégiques occupées par Dumont et ses hommes et
décrit fort bien les péripéties du combat.

*28 [Plan indiquant les fosses des soldats morts à l'anse
  aux Poissons. Section 23, canton 41, rang II, IIIᵉ méridien ouest ... T. N.-O. Certifié conforme par Alexander
Sproah, arpenteur fédéral, Prince-Albert, le 1ᵉʳ février
1886] (Archives publiques du Canada)

MANUSCRIT EN COULEURS : 57 × 30; échelle de 1/7 920

L'endroit décrit dans ce plan est maintenant un lieu historique.

PUBLISHED BY GRIP P.P. CO TORONTO

1.— South Branch of River Saskatchewan.
2.— Fish Creek.
3.— The Royal Grenadiers.
4.— Nine-pounder M.L.R. Gun of "A" Battery, with escort of the Garrison Division.
5, 6, 7, 8.— The 90th Batt. Rifles.
9.— Scouts.

10.— General Middleton.
11, 12, 13.— "C" Company, Infantry School Corps.
14.— Nine-Pounder of "A" Battery.
15.— Madame Tourond's Farm.
16.— Horses and Ponies Belonging to the Rebels.
17, 18.— Rebel Rifle Pits.

BATTLE OF FISH CREEK,

Founded on the Dominion Lands Map of Township 41, Page 2, west of the Third Meridian, sketches by Mr. F. W. Curzon, special artist of "The Illustrated War News," with General Middleton's Expedition, and personal information furnished by members of corps who participated in the engagement.

51

Cut Knife Hill

On 24 April, while Middleton was sparring with Dumont at Fish Creek, Colonel William Otter led his troops quietly into Battleford, territorial capital. Otter, however, was not content with relieving the town from its month-long siege and may well have been disappointed that the Indians had fled without resistance. The rebels, he thought, must be taught a lesson. The most likely adversary seemed to be Poundmaker, the great Cree chief, who was supposedly camped near his reserve at Cut Knife Creek, a long day's march from Battleford. Otter wired Middleton and Lieutenant-Governor Edgar Dewdney of his intent to attack. Middleton rejected Otter's plan, but Dewdney agreed that aggressive action was necessary to prevent the Indians from gathering strength and courage. As a result, Otter ignored his commander's order that he stay in Battleford and on 1 May set out with 325 men to do battle with the Crees.

When Otter reached Cut Knife Creek in the early morning darkness of 2 May he was chagrined to find that Poundmaker had moved his camp. Determined to press on, the battle-hungry colonel began leading his men up the wooded slopes of Cut Knife Hill, looking for a suitable place to cook breakfast. At approximately 5 a.m., Poundmaker's Crees, camped just over the hill, became aware of Otter's advance and opened fire.

Otter's untried troops found themselves in much the same predicament experienced by Middleton at Fish Creek. The Cree warriors occupied the wooded ravines and coulees and the scrub-covered slopes. From these positions they poured a deadly accurate stream of fire into the confused and exposed troops. Otter's men valiantly tried to defend the crest of the hill, but their positions were untenable. The Gatling gun proved ineffective, and shortly after the start of the battle both of Otter's seven-pounder field guns, decrepit with age, broke down. Furthermore, the Crees and Stoneys were now beginning to infiltrate the government positions. Otter quickly realized that if he were not to be cut off and face annihilation, he would be forced to retire. Accordingly, retreat was sounded, and the troops began fighting their way back across the creek. Surprisingly, Poundmaker refused to pursue the fleeing force. Had the Indians pressed the attack, the possibility of Otter's retiring to Battleford would have been slim indeed.

Couteau-Coupé

Le 24 avril, tandis que Middleton affrontait Dumont à l'anse aux Poissons, le colonel William Otter fit tout simplement entrer ses troupes dans Battleford, la capitale territoriale. Cependant, il ne se contenta pas de libérer la ville, depuis un mois en état de siège : peut-être déçu d'avoir vu les Indiens s'enfuir sans opposer de résistance, il résolut de donner une leçon aux rebelles. Il trouva un adversaire en la personne de Faiseur-d'Enclos, grand chef cri, qui était censé être campé près de sa réserve de Couteau-Coupé, à une bonne journée de marche de Battleford. Otter fit part à Middleton et au lieutenant-gouverneur Edgar Dewdney de son intention d'attaquer. Middleton désapprouva le plan d'Otter, mais Dewdney reconnut qu'il fallait passer à l'attaque pour affaiblir les Indiens, matériellement et moralement. Otter, passant outre à la consigne de son commandant qui lui enjoignait de rester à Battleford, partit avec 325 hommes, le 1er mai, pour aller livrer bataille aux Cris.

Lorsqu'Otter atteignit Couteau-Coupé, le 2 mai au petit matin, il fut déçu de constater que Faiseur-d'Enclos avait levé le camp. N'ayant pas eu son compte de bataille, le colonel fit entreprendre à ses hommes l'escalade des pentes boisées de Couteau-Coupé, espérant trouver un endroit convenable pour déjeuner. Vers 5 h, les Cris de Faiseur-d'Enclos, campés juste de l'autre côté de la colline, se rendirent compte de l'approche des troupes d'Otter et ouvrirent le feu.

Les troupes fraîches d'Otter se retrouvèrent à peu près dans la même situation que celles de Middleton à l'anse aux Poissons. Les guerriers cris occupaient les ravins et les coulées boisés, ainsi que les pentes couvertes de broussailles. Retranchés sur ces positions, ils dirigèrent un feu nourri et précis sur les troupes à découvert d'Otter, y semant la confusion. Celles-ci tentèrent vaillamment de défendre le sommet de la colline, mais leurs positions étaient intenables. La mitrailleuse Gatling se révéla inefficace, et dès les premiers instants de la bataille, les deux canons à obus de 7 livres d'Otter, usés par le temps, se brisèrent. En outre, les Cris et les Stoneys s'infiltraient déjà dans les positions des troupes gouvernementales. Otter s'aperçut vite que, s'il ne voulait pas voir son régiment encerclé et anéanti, il devait battre en retraite. Il fit donc sonner la retraite et les troupes entreprirent de traverser la rivière. Fait étonnant, Faiseur-d'Enclos ne se mit pas à la poursuite du régiment en déroute. Si les Indiens avaient poussé l'attaque, Otter aurait eu peu de chances de retourner à Battleford.

29   Plan of engagement at Cut Knife Hill, fought May
     2nd, 1885. Drawn by R.L. Wadmore, Lt. "c" Co.
Inft. Sch. Corps. Canada Bank Note Co., Lith. Plate xɪ
[From: Canada, Sessional Papers (No. 6), *Report upon the
Suppression of the Rebellion in the North-West Terri-
tories ...*]

COLOURED PRINT: 23.5 × 31.7; 1:221,760

This is a revised version of an original sketch by R.L.
Wadmore showing the battlefield at Cut Knife Hill. The
map is very similar to the one reproduced in C.A. Boulton's
Reminiscences of the North West Rebellions, but it gives a
better indication of topography and vegetation and provides more detail regarding troop movements. Again a list
of the slain soldiers is given along with numerals indicating
the points at which they were killed.

Also shown on the map are troop placements and the
positions of the cannon and the freight wagons. The letters
w, x, y, and z refer to panoramic renditions of sections of
Cut Knife Hill. Three sketches were prepared by Wadmore
from reports and drawings by Staff Sgt. F. Newby. The
first of two reproduced here, x to w on the map, indicates
what Otter's column saw as they approached the base of
Cut Knife Hill. Poundmaker's camp, as indicated on the
map, was out of Otter's line of sight on the other side of the
hill. The second drawing illustrates the area on the map
between points y and z, where most of the action took
place. The sketch shows the location of casualties and provides excellent insight into the topography and character of
the vegetation of the hillside and the creek.

29   Plan de l'engagement à L'Anse au Couteau (Cut
     Knife.) 2 mai 1885. Dessin de R.L. Wadmore, Lt.,
Comp. "c," Ecole d'Infanterie. Canada Bank Note Co.,
Lith. Planche xɪ (Tiré de : Canada, *Documents parlementaires*, nº 6 (1886) : *Rapport sur la répression de l'insurrection dans les Territoires du Nord-Ouest ...*]

GRAVURE EN COULEURS : 23,5 × 31,7; échelle de 1/221 760

Une version révisée d'un croquis original de Wadmore
indiquant l'emplacement du champ de bataille. La carte
ressemble de près à celle qui a été reproduite dans le livre de
C.A. Boulton, *Reminiscences of the North West Rebellions*, mais donne une meilleure indication de la topographie et de la végétation et explique en plus grands détails
le déplacement des troupes. Y figurent en outre une liste
des soldats abattus ainsi que les chiffres indiquant les endroits où ils ont été tués.

On peut aussi distinguer l'emplacement des troupes,
des canons et des chariots. Les lettres w, x, y et z indiquent
les descriptions panoramiques de certaines parties de la
colline de Couteau-Coupé. Wadmore exécuta trois
ébauches inspirées des rapports et des dessins du sergent
chef Newby. La première, où l'on voit les lettres w et x,
indique ce qui se présenta aux soldats de Otter en arrivant
au pied de la colline. Le camp de Faiseur-d'Enclos, situé de
l'autre versant de la colline, est hors du champ de vision,
comme l'indique la carte. Le deuxième dessin illustre le
terrain compris entre les points y et z, où se déroula le plus
fort de l'action. Y figurent également l'emplacement des
cadavres ainsi qu'une excellente représentation de la topographie et de la végétation sur la colline et aux abords du
ruisseau.

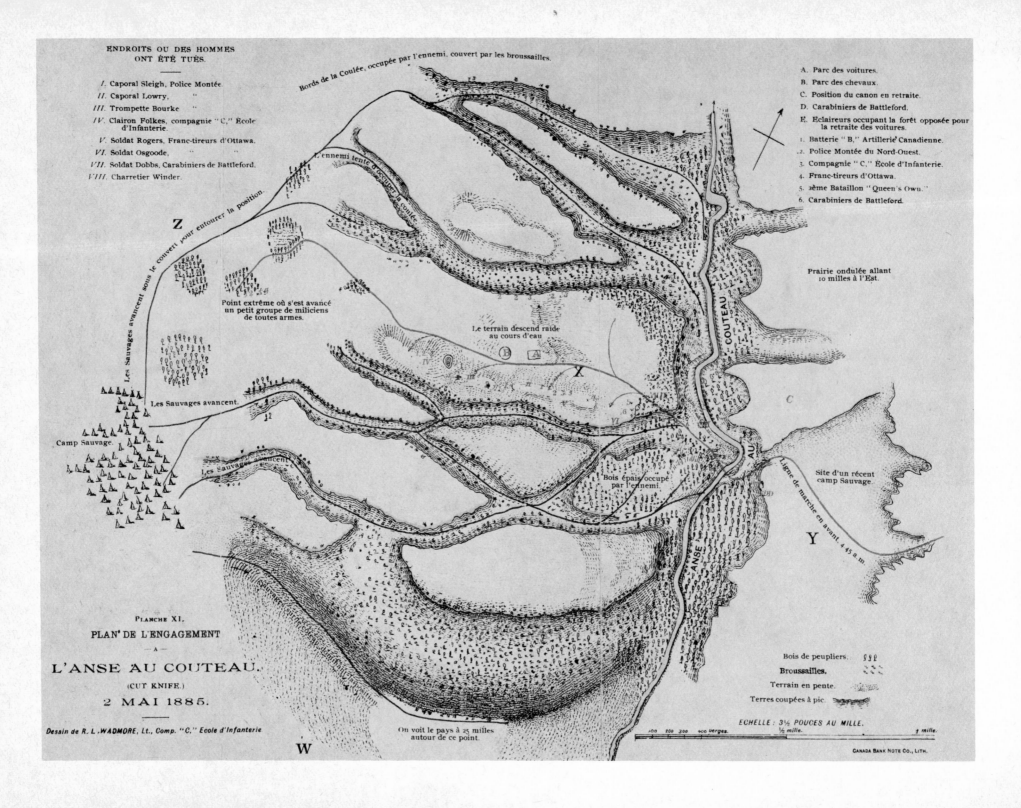

ENDROITS OU DES HOMMES
ONT ÉTÉ TUÉS.

I. Caporal Sleigh, Police Montée.
II. Caporal Lowry, "
III. Trompette Bourke "
IV. Clairon Folkes, compagnie "C," École
d'Infanterie.
V. Soldat Rogers, Franc-tireurs d'Ottawa.
VI. Soldat Osgoode, " "
VII. Soldat Dobbs, Carabiniers de Battleford.
VIII. Charretier Winder.

A. Parc des voitures.
B. Parc des chevaux.
C. Position du canon en retraite.
D. Carabiniers de Battleford.
E. Eclaireurs occupant la forêt opposée pour
la retraite des voitures.
1. Batterie "B," Artillerie Canadienne.
2. Police Montée du Nord-Ouest.
3. Compagnie "C," École d'Infanterie.
4. Franc-tireurs d'Ottawa.
5. 2ème Bataillon "Queen's Own."
6. Carabiniers de Battleford.

Bords de la Coulée, occupée par l'ennemi, couvert par les broussailles.

Prairie ondulée allant
10 milles à l'Est.

L'ennemi tente d'occuper la coulée

Z

Point extrême où s'est avancé
un petit groupe de miliciens
de toutes armes.

Le terrain descend raide
au cours d'eau

X

COUTEAU

Les Sauvages avancent sous le couvert pour entourer la position.

Les Sauvages avancent.

Camp Sauvage.

Les Sauvages avancent.

Bois épais occupé
par l'ennemi.

C

Site d'un récent
camp Sauvage.

ANSE

AU

Ligne de marche en avant 4.45 a. m.

Y

PLANCHE XI,
PLAN DE L'ENGAGEMENT
—A—
L'ANSE AU COUTEAU.
(CUT KNIFE.)
2 MAI 1885.

Dessin de R. L. WADMORE, Lt., Comp. "C," École d'Infanterie.

W

On voit le pays à 25 milles
autour de ce point.

Bois de peupliers.
Broussailles.
Terrain en pente.
Terres coupées à pic.

ECHELLE : 3½ POUCES AU MILLE.

100   200   300   400 verges.   ½ mille.   1 mille.

CANADA BANK NOTE CO., LITH.

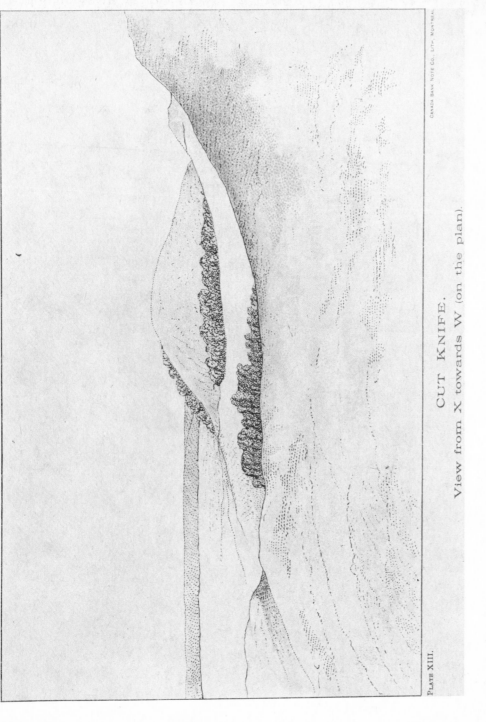

Plate XIII.

CUT KNIFE.

View from X towards W (on the plan).

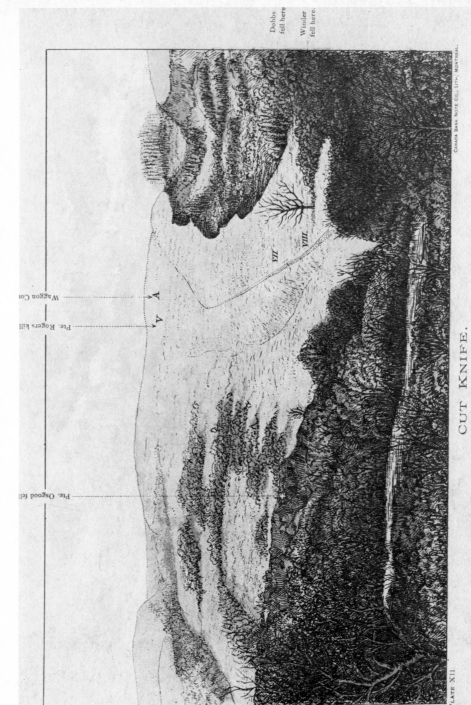

Dobbs fell here.

Winder fell here.

Waggon Cor——

Pte. Rogers kill——

Pte. Osgood fell——

A

V

VII

VIII

Plate XII.

CUT KNIFE.

View from Y towards Z (on the plan).

From sketches and information supplied by Staff Sgt. Newry.

30   Plan of battle of Cut Knife Hill showing positions at
       10:30 A.M. May 2nd 1885. Sketched and drawn by
     Lieut. Wadmore I.S. Corps [From: C.A. Boulton, *Re-
     miniscences ...*, opp. p. 315]

PRINT: 15.0 × 20.7

Another amended version of Wadmore's sketch. Most
features are well denoted, but the hachuring technique
used to indicate topography does not effectively depict the
nature of the battlefield.

30   [Plan de la bataille de Couteau-Coupé; on y indique les
       positions à 10 h 30, le 2 mai 1885. Esquisse et dessin du
     lieut. Wadmore, Infantry School Corps. Tiré de : C.A.
     Boulton, *Reminiscences of the North West Rebellions*, en
     regard de la p. 315]

GRAVURE : 15 × 20,7

Dans cette autre version modifiée du croquis de Wadmore,
la plupart des caractéristiques sont bien décrites, mais le
système de hachures employé pour montrer la topographie
des lieux ne donne pas une idée juste de la nature du terrain
où s'est déroulé le combat.

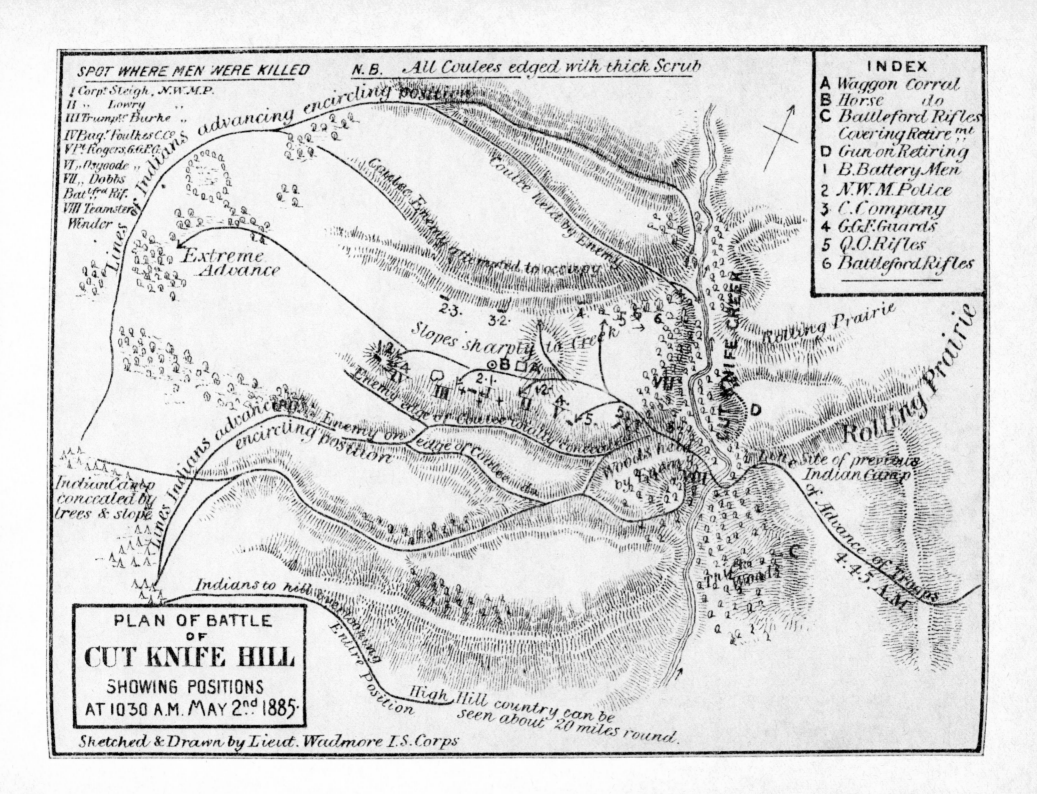

SPOT WHERE MEN WERE KILLED

I Corp! Sleigh. N.W.M.P.
II " Lowry "
III Trump! Burke "
IV Bug! Foulkes C.Co
V Pt. Rogers, G.G.F.G.
VI " Osgoode "
VII " Dobbs "
Bat! f'd Rif.
VIII Teamster
Winder

N.B. All Coulees edged with thick Scrub

INDEX
A Waggon Corral
B Horse do
C Battleford Rifles
  Covering Retire.mt
D Gun on Retiring
1 B. Battery Men
2 N.W.M.Police
3 C. Company
4 G.G.F.Guards
5 Q.O.Rifles
6 Battleford Rifles

Lines of Indians advancing encircling position

Extreme Advance

Coulee Enemy attempted to occupy

Coulee held by Enemy

Rolling Prairie

Rolling Prairie

CUT KNIFE CREEK

Slopes sharply to Creek

Enemy edge of Coulee

Lines Indians advancing encircling position

Enemy on edge of coulee

Woods held by Enemy

Site of previous Indian camp

Indian Camp concealed by trees & slope

Indians to hill overlooking Entire Position

High Hill country can be seen about 20 miles round.

Advance of Troops 4. 4.5. A.M.

PLAN OF BATTLE
OF
CUT KNIFE HILL
SHOWING POSITIONS
AT 10.30 A.M. MAY 2nd 1885.

Sketched & Drawn by Lieut. Wadmore I.S.Corps

57

31   Scene of the fight at Cut Knife Hill [From: *The Riel Rebellion. 1885*, 1st ed., p. 16]

PRINT: 12.8 × 16.9

A very poor map printed in negative form. Many of the features indicated have either been oversimplified or are inaccurate. Topography has not been described to any extent.

31   [Lieu de la bataille de Couteau-Coupé. Carte tirée de : *The Riel Rebellion. 1885*, 1re édition, p. 16]

GRAVURE : 12,8 × 16,9

Il s'agit ici d'une carte de très piètre qualité imprimée comme négatif. Un grand nombre des renseignements fournis ont été simplifiés à l'excès ou sont inexacts. La topographie n'est décrite en aucune manière.

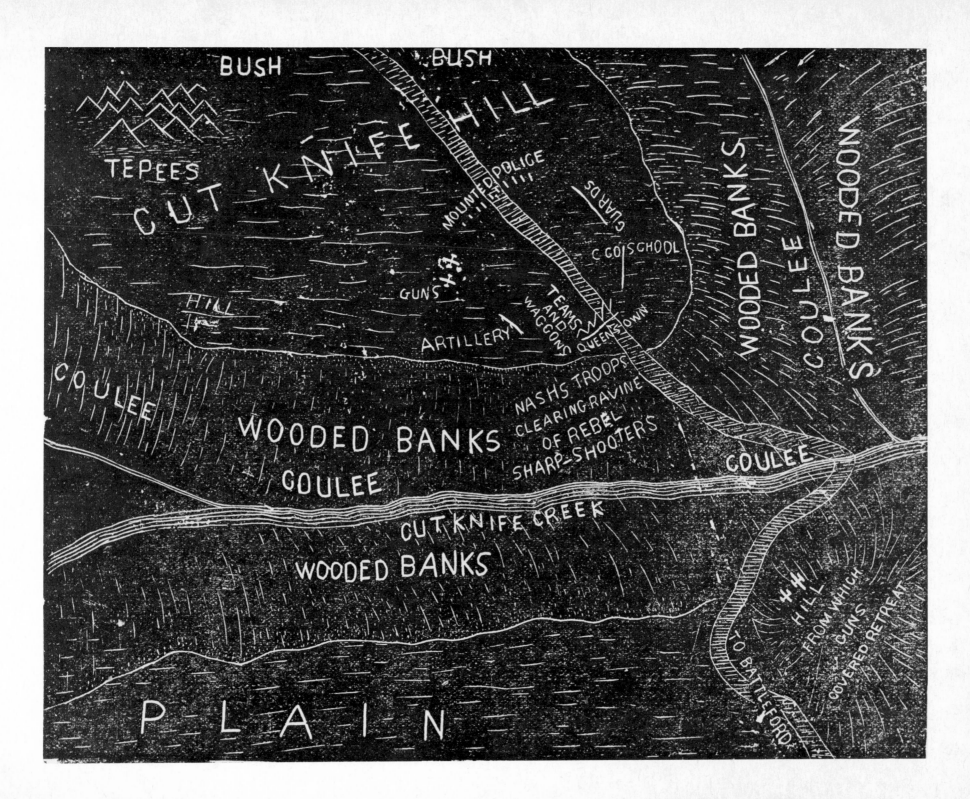

32   Battle of Cut Knife Creek. From topographical
         sketches by Capt. Rutherford of ''B'' Battery, and
Lieut. R. Lyndhurst Wadmore ''C'' Company, Infantry
School Corps ; supplemented by personal information fur-
nished by Sergt. Major Spackman and members of the
Queen's Own who participated in the engagement. Pub-
lished by Grip P.P. Co. Toronto. Toronto Lithograph Co.
[Signed] W.D. Blatchly [Public Archives of Canada]

COLOURED PRINT: 44.0 × 62.0

This dramatic view of the engagement at Cut Knife Hill
shows Otter's force in a classic defensive position at the
crest of the hill, forcing Poundmaker's braves to retreat. In
fact the Crees did not press the attack until after Otter had
sounded retreat, and it is unlikely that Otter's cavalry
would have exposed themselves as openly as is shown here.

32   [Bataille de Couteau-Coupé. Inspirée de dessins to-
         pographiques attribués au capitaine Rutherford de la
batterie « B » et au lieutenant R. Lyndhurst Wadmore de la
compagnie « C » , Infantry School Corps; enrichie de
renseignements personnels fournis par le sergent-major
Spackman et les membres du Régiment de la Reine qui
participèrent à l'engagement. Publiée par la Gripp P.O. Co.
de Toronto. Toronto Lithograph Co. Signée par W.D.
Blatchly] (Archives publiques du Canada)

GRAVURE EN COULEURS : 44 × 62

Cette vue saisissante de l'engagement de la colline du
Couteau-Coupé dépeint le contingent de Otter dans une
position défensive classique au sommet de la colline,
obligeant Faiseur-d'Enclos et ses guerriers à se replier. De
fait, les Cris ne foncèrent pas avant que Otter eut sonné la
retraite et il est peu probable que la cavalerie de ce dernier
s'exposa de la sorte.

1.—Lofty hill, from which the enemy's movements were directed.
2.—Indian Camp.
3, 4.—Coulee, with silver poplar trees and thick scrub, swarming with the unseen enemy.
5.—"B" Battery, with two seven-pounder howitzers and Gatling.
7, 8.—The Queen's Own Rifles.
9, 10.—N. W. Mounted Police.

11.—Col. Otter and Staff.
12.—Corral of Mounted Police and transport horses.
13.—"C" Company, Infantry School Corps.
14.—League of transport waggons, with Field Hospital in centre.
17, 18.—Battleford Volunteer Rifles.
19, 20.—Sharpshooters of Gov.-Gen. Foot Guards.

BATTLE OF CUT KNIFE CREEK,

From topographical sketches by Capt. Rutherford, of "B" Battery, and Lieut. R. Lyndhurst Wadmore, "C" Company, Infantry School Corps; supplemented by personal information furnished by Sergt.-Major Spackman and members of the Queen's Own who participated in the engagement.

61

*33   The fight at Cut Knife Creek [From: *The Toronto Daily Mail*, Saturday, 9 May 1885, p. 4]

PRINT: 9.7 × 10.5

An example of the inaccuracies presented to the eastern readers by the daily newspapers. Much of the map is based on conjecture, and as a result the map served little practical purpose.

*33   [La bataille de Couteau-Coupé. Carte tirée de : *The Toronto Daily Mail*, samedi, le 9 mai 1885, p. 4]

GRAVURE : 9,7 × 10,5

Cette carte offre un exemple des inexactitudes que pouvaient comporter les plans publiés par les quotidiens de l'Est du Canada. La plupart des données sont basées sur des hypothèses ; c'est pourquoi le document n'a guère d'utilité pratique.

Batoche

The battle of Batoche was the last major engagement of the 1885 rebellion. It effectively ended the insurrection and gave the government troops their only real victory.

After the battle of Fish Creek, General Middleton regrouped his forces and attempted to restore some sort of order before he continued his march to Batoche. The expected delay of two or three days, to allow wounded to recuperate and for supplies and reinforcements to arrive, stretched into almost two weeks because of transport problems. Finally on 7 May Middleton resumed his march to the rebel headquarters. On 9 May the troops were in position on the outskirts of the tiny settlement, and before dawn were advancing through the scrub brush.

Middleton's plan of having the steamer *Northcote* stage a surprise attack from the rear failed when the hastily armoured ship put in its appearance too early. The Métis poured a withering fire into the steamer and succeeded in disabling it to some extent with a wire stretched across the river. Robbed of his hopes for a two-pronged attack, Middleton was forced to press on. His men soon came under heavy fire from the rebel rifle pits and in short order the attack ground to a halt. The Métis, hidden in the pits and scattered through the draws and wooded depressions, had successfully dashed Middleton's plans for a short, effective battle leading to a quick victory.

The battle of Batoche dragged on sporadically for three days. Indecision, impatience, and frustration were present in Middleton's camp, while in Batoche the rebels were growing short of ammunition. Finally on 12 May, after an abortive morning attack, the troops decided to take matters into their own hands. Accordingly, as Middleton settled down to his noonday meal, the troops staged an all-out attack. Heavy fighting broke out on all sides, but the cheering soldiers carried one group of rifle pits after another until finally they stormed into the village, firing against the few Métis who preferred to remain and die rather than run. By dusk the militia had cleared Batoche of all opposition.

As a result of the duration, ferocity, and importance of the battle of Batoche, more maps depicting the action are available than for any other engagement.

Batoche

La bataille de Batoche fut le dernier engagement important de la rébellion de 1885 ; elle marqua en pratique la fin de l'insurrection et constitua pour les troupes gouvernementales leur seule victoire réelle.

Après la bataille de l'anse aux Poissons, le général Middleton avait regroupé ses forces et tenté de remettre de l'ordre dans ses rangs avant de reprendre sa marche jusqu'à Batoche. Le délai de deux ou trois jours fixé pour laisser récupérer les blessés et attendre l'arrivée des approvisionnements et des renforts en fut un de presque deux semaines en raison des problèmes de transport. Enfin, le 7 mai, Middleton reprit sa marche vers le quartier général des rebelles. Le 9 mai, les troupes étaient en position aux abords de la petite colonie ; avant l'aube, elles s'avancèrent dans les broussailles.

Middleton avait projeté une attaque surprise, par l'arrière, à l'aide du vapeur *Northcote*, mais son plan échoua lorsque le bateau, qui avait été armé en hâte, se montra trop tôt. Les Métis dirigèrent un feu nourri sur le vapeur et l'empêchèrent dans une bonne mesure de faire des ravages en l'arrêtant à l'aide d'un câble traversant la rivière. Voyant s'évanouir ses chances d'attaquer de deux côtés à la fois, Middleton dut presser le pas. Ses hommes essuyèrent bientôt le feu nourri des rebelles cachés dans les fossés de tir et l'attaque tourna vite court. Les Métis, tapis dans les fossés de tir et dispersés dans les ravins et les dépressions boisées, avaient réussi à déjouer les plans de Middleton, escomptant une bataille courte et décisive qui lui aurait assuré une victoire rapide.

La bataille de Batoche se poursuivit, avec des interruptions, pendant trois jours. Dans le camp de Middleton régnait une atmosphère d'indécision, d'impatience et de frustration, tandis qu'à Batoche, les rebelles commençaient à manquer de munitions. Enfin, le 12 mai, après une attaque manquée, le matin, les troupes décidèrent de prendre la situation en main. Au moment où Middleton s'installait pour dîner, elles se lancèrent donc à l'attaque à fond de train. Il s'ensuivit un combat acharné au cours duquel les soldats enlevèrent frénétiquement un à un les groupes de fossés de tir, prenant enfin d'assaut le village et tirant sur les quelques Métis, qui préférèrent affronter la mort plutôt que de s'enfuir. À la tombée de la nuit, la milice avait chassé tous les rebelles de Batoche.

En raison de la durée, de la férocité et de l'importance de la bataille de Batoche, il existe plus de cartes en décrivant les différents épisodes que pour tout autre engagement.

34 Plan of the Attack on Batoche by the North West Field Force – Under the command of Genl. Sir F. Middleton C.B. K.C.M.G. 12th May 1885. By Geo. F. Cole B.Q.M. N.W.F.F. [Signed] Geo. F. Cole. P.O. Box 551 Winnipeg [Public Archives of Canada]

ILLUSTRATIONS: [Numerous advertisements for Winnipeg merchants and services form the side borders of the map]

COLOURED PRINT: 60.6 × 91.5

George F. Cole's large map of the battle was one of the more lavish and informative maps published during the rebellion. The map is very accurate; in fact, along the bottom of the sheet are 'certificates' by thirteen officers, including Middleton, attesting to its accuracy and quality. It is likely that Cole, a quartermaster with the North West Field Force at Batoche, drew the map in the field and obtained the certificates first hand.

Shown on the map are lines of advance, the rifle positions of both the troops and the rebels, gun placements, and buildings including Riel's council chamber and his residence. Also indicated are the points at which members of the government force were killed or wounded. Topography and vegetation are poorly represented, making it difficult to visualize the character of the terrain.

Along the top of the map is a 'list of troops engaged,' giving the names of the officers and the strength of the various units, together with a list of those men from the cavalry and artillery units who were killed or wounded. Along the bottom is a similar casualty list for the infantry. Notes are given below, explaining the lines of advance and the participation in the battle by various elements of the force. An alphabetic legend describes certain features such as rifle pits and graves.

34 [Plan de l'attaque de Batoche par la North West Field Force, sous le commandement du général Sir F. Middleton, C.B., K.C.M.G., le 12 mai 1885. Réalisé et signé par Geo. F. Cole, quartier-maître de batterie, N.W.F.F.; C.P. 551, Winnipeg] (Archives publiques du Canada)

ILLUSTRATIONS : [Plusieurs annonces de marchands et de services de Winnipeg occupent les deux bordures latérales de la carte]

GRAVURE EN COULEURS : 60,6 × 91,5

De toutes les cartes publiées au cours de la rébellion, la grande carte que dressa George F. Cole de la bataille de Batoche est l'une des plus détaillées et des plus instructives. Elle est d'une très grande précision, comme le prouvent les « attestations » de treize officiers, dont celle de Middleton, au bas de la feuille. Selon toute évidence, Cole, qui était officier de l'intendance dans la North West Field Force, à Batoche, aurait tracé la carte sur place et obtenu les attestations de première main.

Sur cette carte figurent les lignes de progression, les positions des tireurs des deux camps et l'emplacement des canons et des bâtiments, notamment la maison où Riel tenait conseil et sa résidence. Les endroits où des membres des forces gouvernementales furent tués ou blessés sont également indiqués. La topographie et la végétation y sont très peu représentées, de sorte qu'il est difficile de se faire une idée du terrain.

En haut de la carte se trouve une « liste des troupes engagées », où figurent les noms des officiers et les effectifs des diverses unités, ainsi qu'une liste des morts et blessés des unités de cavalerie et d'artillerie. Il y a une liste semblable pour l'infanterie, au bas de la carte. Plus bas, on explique les lignes de progression et la participation à la bataille des divers éléments. Une légende décrit par ordre alphabétique certains détails, dont les fossés de tir et les fosses.

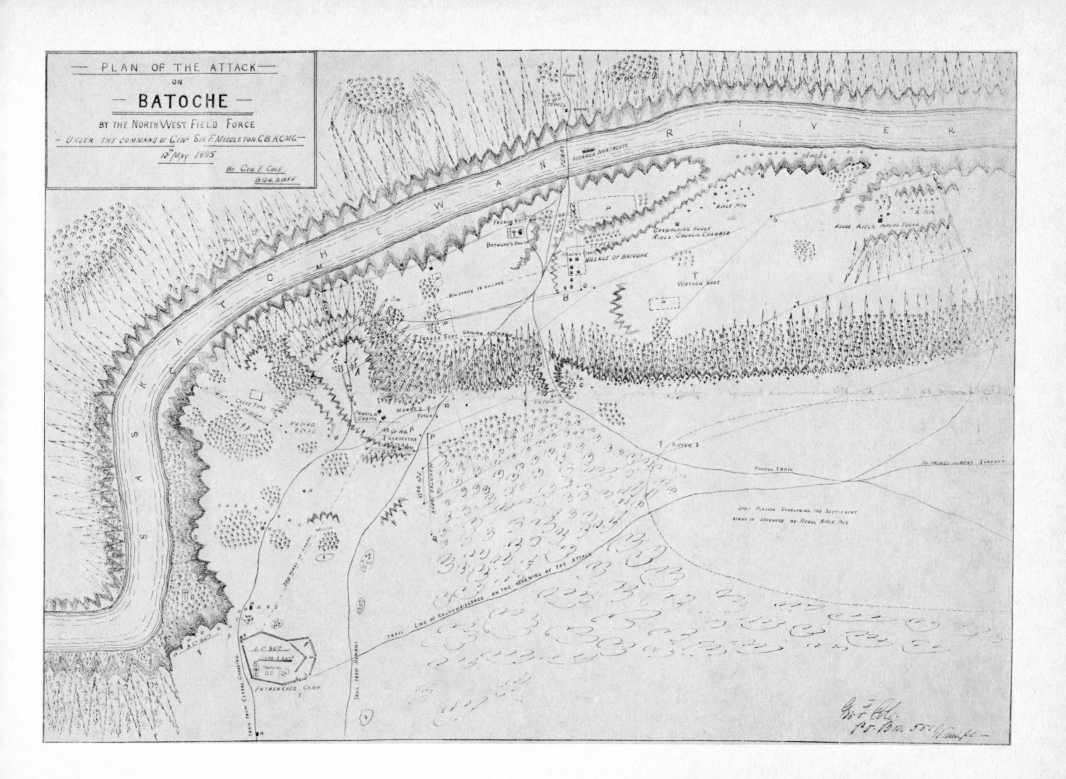

35   Sketch of battle field of Batoche fought May 12th
     1885. H. de H. Haig, Capt. R.E., Del. Canada Bank
Note Co., Lith. Plate VII [From: Canada, Sessional Papers
(No. 6), *Report upon the Suppression of the Rebellion ...*]

COLOURED PRINT: 23.5 × 33.2; 1:15,840

Captain Haig, Middleton's quartermaster, drew this plan
of the battlefield shortly after the engagement.

The map is less detailed than Cole's (Map 34) but is
much better in its representation of vegetation and topography. As a Royal Engineer, Haig knew the importance of

contour lines on maps and these he added to his sketch.
Other information shown includes rifle pits, attack routes,
and trails.

Accompanying the map are two views prepared by
Haig illustrating further the character of the landscape and
graphically indicating points of importance. The first
sketch shows the area to which the troops approached on
the first day and the ravine from where the rebels opened
fire. The second is a panoramic depiction of Batoche from
the point marked z on the map. The view shows individual
buildings, rifle pits, and trails.

35   Croquis du champ de bataille de Batoche, 12 mai 1885.
     H. de H. Haig, Capt. R.E., Del. Canada Bank Note
Co., Lith. Planche VII [Tiré de : Canada, *Documents parlementaires*, n° 6 (1886) : *Rapport sur la répression de
l'insurrection dans les Territoires du Nord-Ouest ...*]

GRAVURE EN COULEURS : 23,5 × 33,2 ; échelle de 1/15 840

Le capitaine Haig, quartier-maître du général Middleton,
dressa ce plan peu après l'engagement.

Moins détaillé que la carte de Cole (carte n° 34), ce plan
offre cependant une meilleure représentation de la végétation et de la topographie. En tant que membre du Corps

royal du génie, Haig saisissait l'importance des lignes de
contour et les intégra à son ébauche. Y figurent en outre des
renseignements sur les tranchées, sur les plans d'attaque et
sur les pistes.

Sont jointes à la carte deux représentations de Haig,
qui mettent en relief le paysage et les points d'importance.
La première indique l'endroit abordé le premier jour et le
ravin d'où les rebelles firent feu. La deuxième est une
description panoramique de Batoche à partir du point z. On
y voit des bâtiments, des tranchées et des pistes.

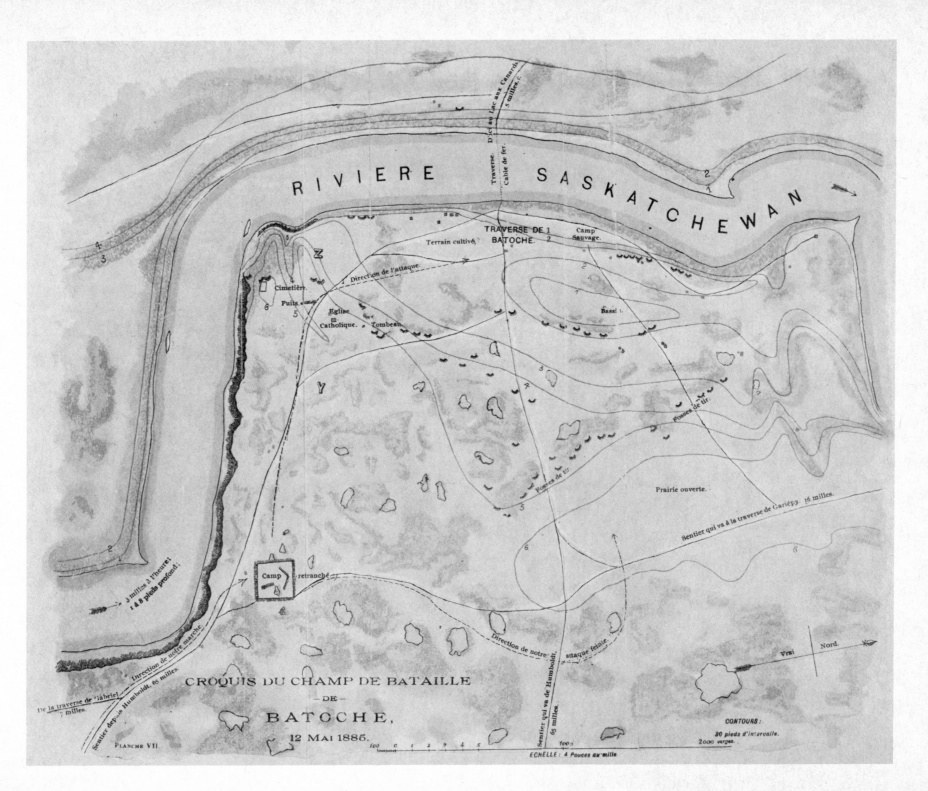

RIVIERE SASKATCHEWAN

Traverse. D'ici au Lac aux Canards. 5 milles.

Câble de fer.

TRAVERSE DE 1
BATOCHE. 2

Camp
Sauvage.

Terrain cultivé.

Direction de l'attaque.

Bassi.

Cimetièr.

Puits.

Eglise
Catholique. Tombeau.

Fosses de tir.

Fosses de tir.

Prairie ouverte.

Sentier qui va à la traverse de Gariépy. 16 milles.

Camp retranché.

3 milles à l'heure!
1 à 8 pieds profond.

Direction de notre marche. attaque feinte.

Direction de notre

Vrai Nord.

De la traverse de Gabriel.
7 milles.

Sentier depuis Humboldt, 65 milles.

Sentier qui va de Humboldt,
65 milles.

CROQUIS DU CHAMP DE BATAILLE
— DE —
BATOCHE,
12 Mai 1885.

PLANCHE VII.

ECHELLE: 4 Pouces au mille.

CONTOURS:
30 pieds d'intervalle.
2000 verges.

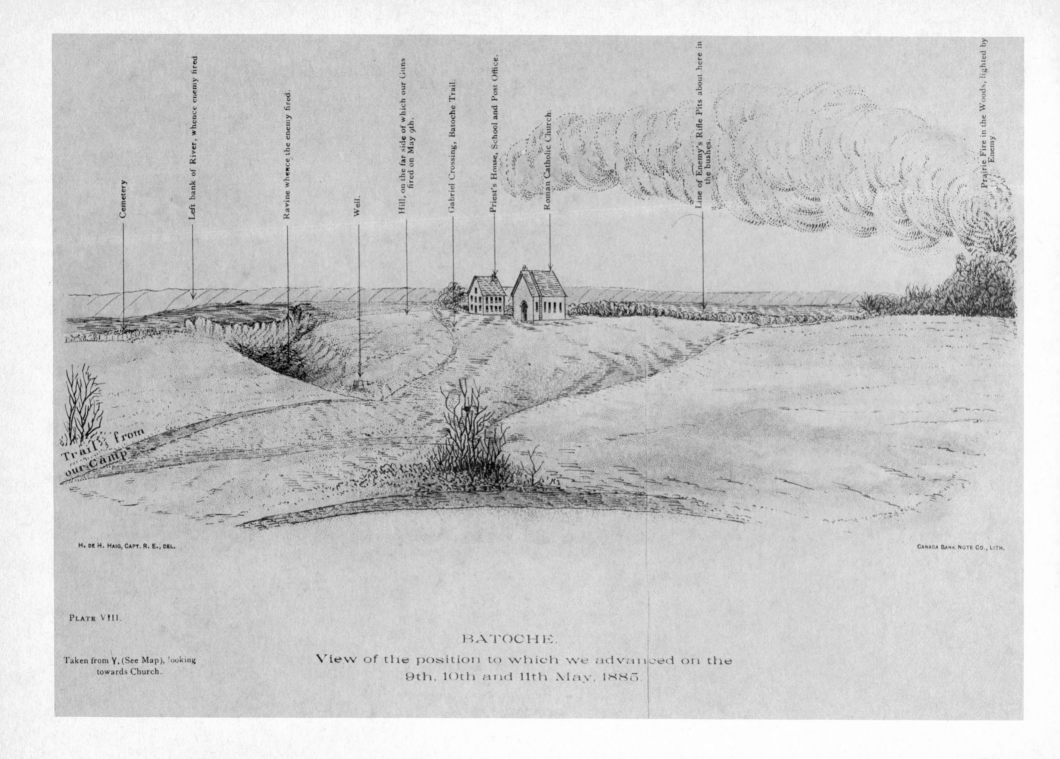

Cemetery

Left bank of River, whence enemy fired

Ravine whence the enemy fired.

Well.

Hill, on the far side of which our Guns fired on May 9th.

Gabriel Crossing, Batoche Trail.

Priest's House, School and Post Office.

Roman Catholic Church.

Line of Enemy's Rifle Pits about here in the bushes.

Prairie Fire in the Woods, lighted by Enemy.

Trail from our camp

H. DE H. HAIG, CAPT. R. E., DEL.

CANADA BANK NOTE CO., LITH.

PLATE VIII.

Taken from Y, (See Map), looking towards Church.

BATOCHE.

View of the position to which we advanced on the
9th, 10th and 11th May, 1885.

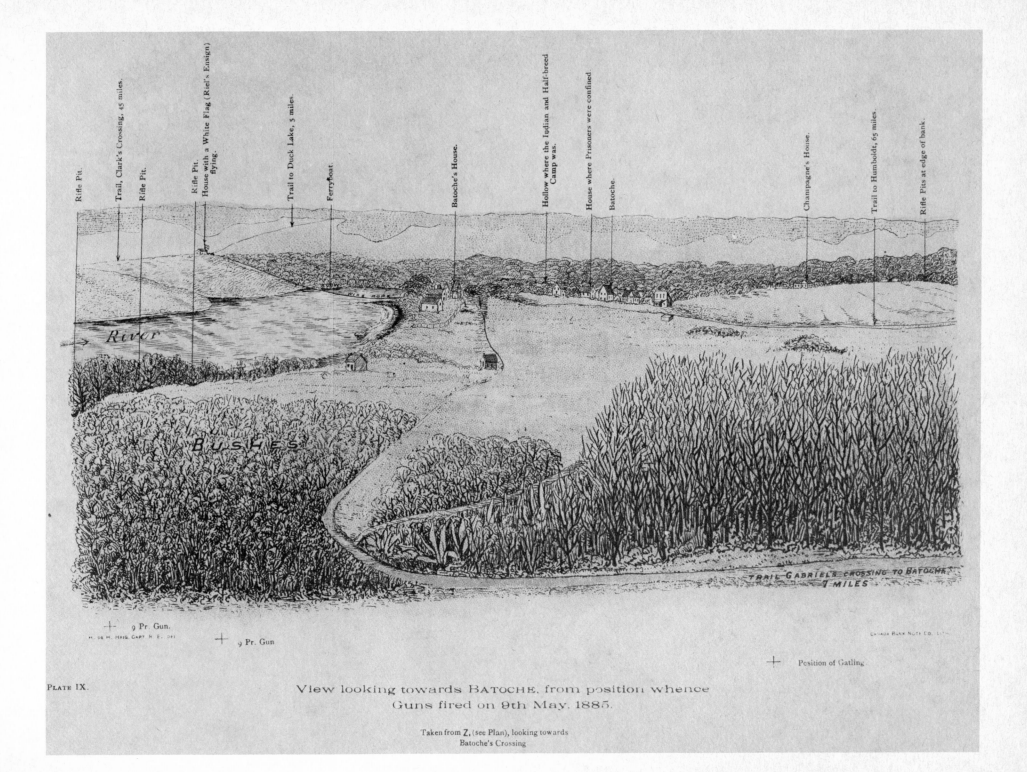

Rifle Pit.

Trail, Clark's Crossing, 45 miles.

Rifle Pit.

Rifle Pit.
House with a White Flag (Riel's Ensign) flying.

Trail to Duck Lake, 5 miles.

Ferryboat.

Batoche's House.

Hollow where the Indian and Half-breed Camp was.

House where Prisoners were confined.

Batoche.

Champagne's House.

Trail to Humboldt, 65 miles.

Rifle Pits at edge of bank.

River

BUSHES

TRAIL GABRIEL'S CROSSING TO BATOCHE.
7 MILES

9 Pr. Gun.

H. DE H. HAIG, CAPT. R. E. DEL.

9 Pr. Gun

CANADA BANK NOTE CO. LITH.

Position of Gatling.

PLATE IX.

View looking towards BATOCHE, from position whence
Guns fired on 9th May, 1885.

Taken from Z, (see Plan), looking towards
Batoche's Crossing.

36   A Sketch of Batoche, May 12th 1885 [Drawn by
     J. Lestock Reid D.L.S. Found in the papers of George
Taylor Denison, Public Archives of Canada]

COLOURED MANUSCRIPT: 20.5 × 30.0

A manuscript map presumably drawn by J. Lestock Reid,
D.L.S., who was apparently attached to J.S. Dennis's Surveyors Intelligence Corps at Batoche. Reid sent the map to
Charles Mair, who in turn included it in a letter to G.T.
Denison.
     Although not as accurate or as detailed as the maps by
Cole and Haig (Maps 34 and 35), Reid's plan does provide
an interesting view of the battle. In addition Reid has taken
particular pains to note a great number of rebel positions.
The map is also of significance in that it is one of only two
known manuscript maps showing Batoche at the time of
the engagement.

36   [Une esquisse de Batoche, le 12 mai 1885. Dessin de
     J. Lestock Reid, arpenteur-géomètre fédéral. Trouvé
dans les papiers de George Taylor Denison] (Archives publiques du Canada)

MANUSCRIT EN COULEURS : 20,5 × 30

Carte manuscrite sans doute dessinée par J. Lestock Reid,
arpenteur-géomètre fédéral, qui paraît avoir fait partie du
Surveyors Intelligence Corps de J.S. Dennis, à Batoche.
Reid a envoyé la carte à Charles Mair qui, à son tour, l'a
incluse dans une lettre adressée à G.T. Denison.
     Bien qu'elle ne soit pas aussi exacte ni aussi détaillée
que celles de Cole et Haig (cartes n⁰ 34 et n⁰ 35), la carte de
Reid donne une vue intéressante de la bataille. Reid a de
plus pris la peine de noter soigneusement un grand nombre
de positions rebelles. Cette carte présente également de
l'importance parce qu'elle est l'une des deux seules cartes
manuscrites connues qui montre Batoche à l'époque de la
bataille.

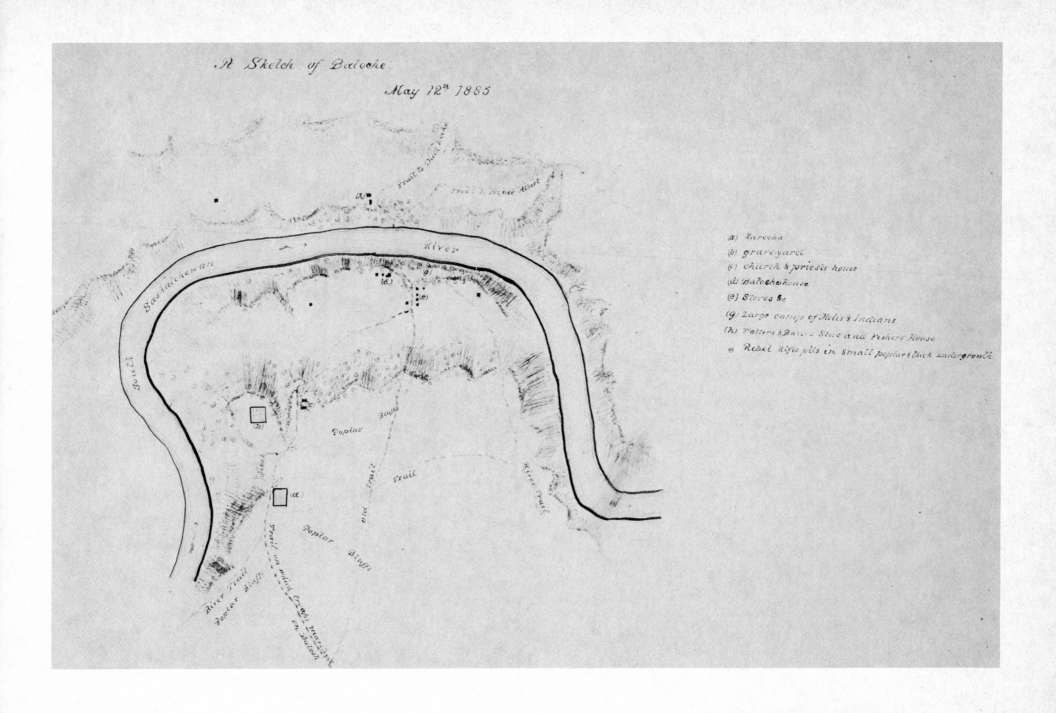

A Sketch of Batoche
May 12th 1885

(a) Zareeba
(b) grave-yard
(c) church & priests house
(d) Batoches house
(e) Stores &c
(g) Large camp of Metis & Indians
(h) Walters & Bakers Store and Fishers House
⊙ Rebel Rifle pits in small poplar & thick undergrowth

37   Plan of The Battle of Batoche May 12th 1885. Drawn
      by – Burrows & Denny D.L.S. Surveyors Corps
[Public Archives of Canada]

PHOTOCOPY: 30.5 × 35.7; 1:15,840

The original of this map is a manuscript copy found among
the private papers of the Honourable A.P. Caron, Minister
of Militia and Defence at the time of the Rebellion of 1885.
J.J. Burrows and N.C. Denny were land-surveyors serving
with the Surveyors Intelligence Corps under the command
of Captain J.S. Dennis, whose father had been deeply
involved in the first insurrection. The map shows rebel and
government rifle pits, houses, gun placements, and the
positions of the various units at the beginning of the engagement. Topography and vegetation are not well represented, and as a result the map does not successfully
indicate the rough nature of the terrain, which the Métis
and Indians were able to use so effectively in their defence
of Batoche.

37   [Plan de la bataille de Batoche, le 12 mai 1885. Dessin
      de Burrows et Denny, D.L.S. Surveyors Corps]
(Archives publiques du Canada)

PHOTOCOPIE : 30,5 × 35,7 ; échelle de 1/15 840

Cette carte est tirée d'une copie manuscrite trouvée dans les
papiers privés de l'honorable A.-P. Caron, ministre de la
Milice et de la Défense, à l'époque de la rébellion de 1885.
Les arpenteurs J.J. Burrows et N.C. Denny faisaient partie
du Surveyors Intelligence Corps, sous le commandement
du capitaine J.S. Dennis, dont le père avait joué un rôle
important lors de la première insurrection. La carte indique
les fossés de tir des troupes gouvernementales et des insurgés, les maisons, les emplacements des canons et les
positions des diverses unités au début de l'engagement. La
topographie et la végétation n'y sont pas très bien représentées et, de ce fait, la carte ne donne pas une idée très
juste des accidents de terrain dont les Métis et les Indiens
surent si bien tirer parti, pour défendre Batoche.

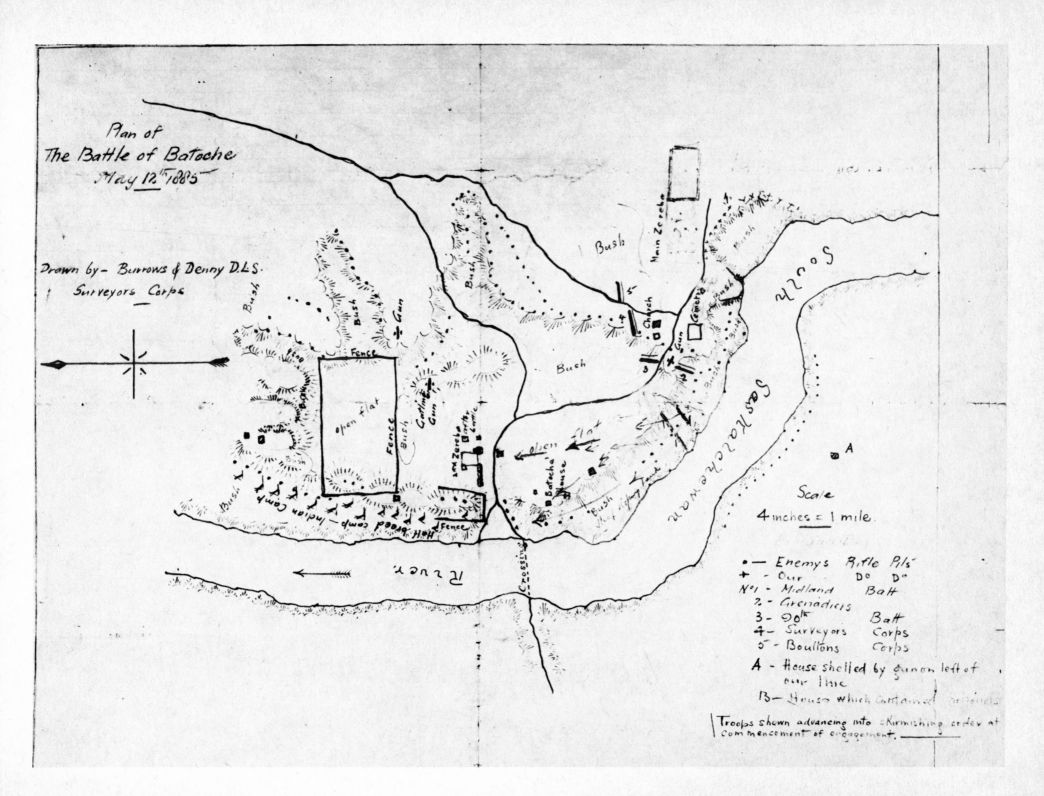

Plan of
The Battle of Batoche
May 12th 1885

Drawn by - Burrows & Denny D.L.S.
Surveyors Corps

Bush

Main Zereba

South

Bush

Church

Cemetry

Bush

Gun

Bush

Fence

Bush

Gatling Gun

Bush

Gun

open flat

Fence

Fence

Bush

open flat

Bush

1st Zereba

Batoche Corner

Batoche House

Saskatchewan

A

Scale
4 inches = 1 mile.

Bush

Indian Camp

Half breed camp

Fence

Crossing

River.

●— Enemys Rifle Pits
+ - Our Do Do
Nº1 - Midland Batt
2 - Grenadiers
3 - 90th Batt
4 - Surveyors Corps
5 - Boultons Corps

A - House shelled by gun on left of our line

B— House which contained artillery

Troops shown advancing into skirmishing order at commencement of engagement.

73

38 The Capture of Batoche. From Sketches by F.W. Curzon, Special Artist of the "Canadian Pictorial and
Illustrated War News," Sergt. Grundy, and others. Published by Grip P. & P. Co. Toronto Lithographing Co.
[Signed] W.D. Blatchly [Public Archives of Canada]

COLOURED PRINT: 44.0 × 62.0

F.W. Curzon's panoramic view of the battle of Batoche is
somewhat overdramatic, but it gives a good indication of
the general topography of the battle scene. The attack by
the troops was not nearly as organized as the sketch would
indicate, and it is quite obvious Curzon has used much
artistic licence in his placement of the various military
units. A numeric legend along the bottom identifies certain
features such as houses, rifle pits, unit locations, and gun
placements.

*39 Plan of Attack on Batoche. By the N.W. Field Force
under the Command of Major Genl. Sir Fred. Middleton, C.B. K.C.M.G. on 12th May, 1885. By Geo. F. Cole,
Camp Quarter Master. Geo. F. Cole, Winnipeg [From:
C.A. Boulton, Reminiscences, p. 283]

PRINT: 10.3 × 15.5

An amended version of Cole's original map (Map 34),
redrawn for Boulton's book.

*40 Plan of position at battle of Batoche May 12th 1885.
From a sketch made by Messrs. Burrows and Denny,
of the Surveyors Intelligence Corps [From: The Canadian
Pictorial and Illustrated War News, p. 104]

PRINT: 39.4 × 24.5; [20 chains to 1 inch]

An improved version of Burrows's and Denny's sketch
(Map 37) with a better indication of topography.

38 [La capture de Batoche. D'après des esquisses de F.W.
Curzon, artiste spécial du Canadian Pictorial and
Illustrated War News, du sergent Grundy et d'autres.
Gravure publiée par la Grip P. & P. Co., Toronto Litho-
graphing Co. Portant la signature de W.D. Blatchly]
(Archives publiques du Canada)

GRAVURE EN COULEURS : 44 × 62

F.W. Curzon dramatise quelque peu la réalité dans la vue
panoramique qu'il nous offre de la bataille de Batoche, mais
cette représentation indique tout de même très bien la
topographie générale des lieux. L'attaque des troupes fut
loin d'être aussi bien organisée que ne le laisse croire le
dessin et il est évident que Curzon a usé d'une grande
liberté artistique en disposant les diverses unités militaires.
Au bas de la carte, une légende numérique identifie certains
détails tels que les maisons, les fossés de tir ainsi que les
emplacements des unités et des canons.

*39 [Plan de l'attaque de Batoche par la N.W. Field Force,
sous le commandement du major général Sir Fred.
Middleton, C.B. K.C.M.G., le 12 mai 1885. Par Geo. F. Cole,
quartier-maître du camp. Geo. F. Cole, Winnipeg. Tiré de :
C.A. Boulton, Reminiscences of the North West Rebellions, p. 283]

GRAVURE : 10,3 × 15,5

Version modifiée de la carte originale de Cole (carte nᵒ 34),
redessinée pour être publiée dans le livre de Boulton.

*40 [Plan des positions à la bataille de Batoche, le 12 mai
1885. D'après une esquisse de MM. Burrows et
Denny, Surveyors Intelligence Corps. Tiré de : The Canadian Pictorial and Illustrated War News, p. 104]

GRAVURE : 39,4 × 24,5; (échelle de 20 chaînes au pouce)

Version améliorée du croquis de Burrows et Denny (carte
nᵒ 37); la topographie y est mieux indiquée.

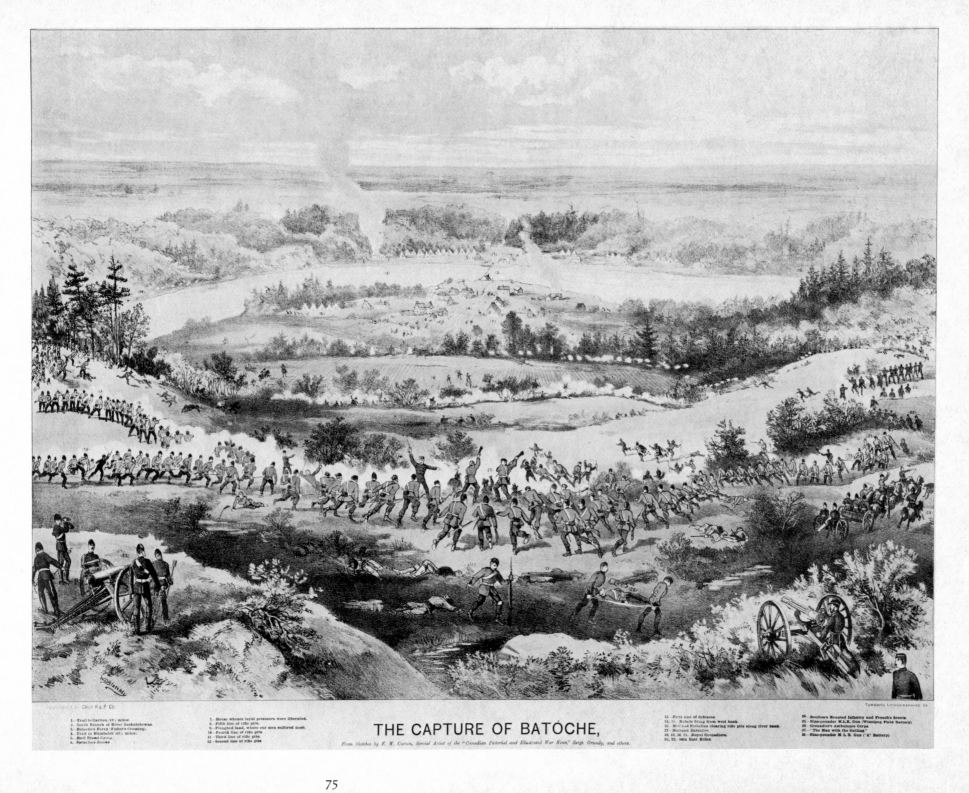

1.—Trail to Carlton (19+ miles.)
2.—South Branch of River Saskatchewan.
3.—Batoche's Ferry—Fisher's Crossing.
4.—Trail to Humboldt (62+ miles.)
5.—Half Breed Camp.
6.—Batoche House.

7.—House whence loyal prisoners were liberated.
8.—Fifth line of rifle pits.
9.—Ploughed land, where our men suffered most.
10.—Fourth line of rifle pits.
11.—Third line of rifle pits.
12.—Second line of rifle pits.

13.—First line of defences.
14, 15.—Rebels firing from west bank.
16.—Midland Battalion clearing rifle pits along river bank.
17.—Midland Battalion.
18, 19, 20, 21.—Royal Grenadiers.
22, 23.—90th Batt Rifles.

24.—Boulton's Mounted Infantry and French's Scouts.
25.—Nine-pounder M.L.R. Gun (Winnipeg Field Battery).
26.—Grenadier's Ambulance Corps.
27.—"The Man with the Gatling."
28.—Nine-pounder M.L.R. Gun ("A" Battery)

THE CAPTURE OF BATÓCHE,

From Sketches by F. W. Curzon, Special Artist of the "Canadian Pictorial and Illustrated War News," Sergt. Grundy, and others.

41 Batoche [From: *The Riel Rebellion. 1885*, 1st ed., p. 27]

PRINT: 15.2 × 10.1; 1:36,000

An oversimplified depiction with no indication of topography, giving the impression that the battle took place on level ground.

*42 Batoche's Crossing [From: *The Toronto Daily Mail*, Monday, 11 May 1885, p. 1]

PRINT: 11.5 × 16.0

A largely inaccurate map produced after news of the first day's fighting reached Toronto.

41 [Batoche. Carte tirée de : *The Riel Rebellion. 1885*, 1ʳᵉ édition, p. 27]

GRAVURE : 15,2 × 10,1; échelle de 1/36 000

Description très simplifiée du théâtre de la bataille; la topographie des lieux n'est pas indiquée, ce qui donne l'impression que le combat a eu lieu en terrain plat.

*42 [Traverse de Batoche. Carte tirée de : *The Toronto Daily Mail*, lundi, le 11 mai 1885, p. 1]

GRAVURE : 11,5 × 16

Carte en grande partie inexacte, dressée après que la nouvelle de l'engagement des hostilités fût parvenue à Toronto.

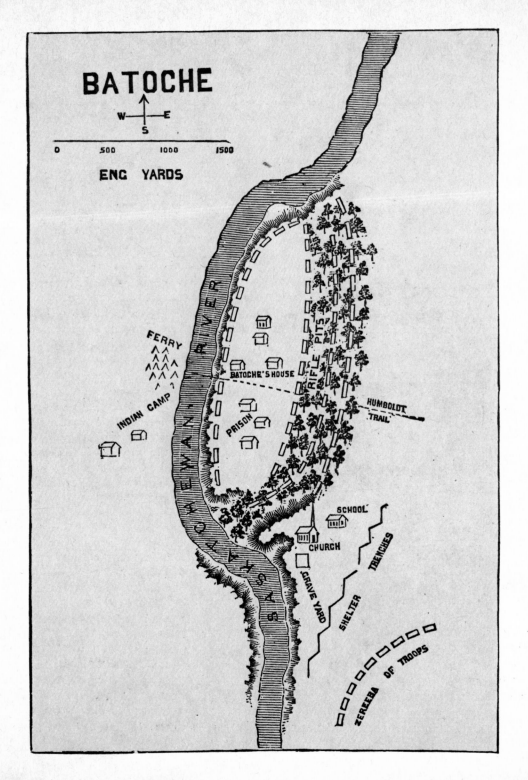

Fort Pitt and the Pursuit of Big Bear

Although most of the hostilities during the rebellion took place in what is now Saskatchewan, the threat of danger to areas farther west was always evident, especially after the massacre at Frog Lake. As a result of this threat, Major-General Thomas Bland Strange (Ret.) was ordered to see to the protection of Alberta.

When it became evident that the Blackfoot would not join Riel, Strange was dispatched from his Calgary base to Edmonton, from where he could patrol the outlying districts and pursue Big Bear's band, perpetrators of the Frog Lake massacre. On 14 May Strange and his men set out by scow from Edmonton for Fort Pitt, which they reached on the 25th. The fort had only recently been destroyed and looted by the Indians, and the ruins were still smoking when Strange arrived. On the 26th the general sent out patrols in hopes of locating the Indians. The next day he received reports from Major Sam Steele that the rebels had been encountered, whereupon he gathered most of his troops together and set out in pursuit. Late on the 27th, about seven miles east of Fort Pitt, the enemy was sighted 'occupying a very advantageous position on the slopes of a thickly wooded ridge,' according to Strange (*Gunner Jingo's Jubilee*, p. 482). A few rounds from the cannon were fired and Major Steele cleared the ridge. The enemy apparently left its position and advanced to Frenchman's Butte, approximately two miles farther east. Strange followed until darkness forced him to make camp.

Early on the morning of 28 May Strange again set out on the trail, and came upon the Indian camping place which had been occupied 'by about 700 braves.' He reached a deep, wooded ravine or valley about 600 yards wide. At the bottom of the valley was a stream that he supposed was a tributary of the Red Deer River. Across the valley was a ridge or hill on which the Indians were dug in. It was here that the battle of Frenchman's Butte took place. The stream was exceedingly swampy and prohibited Strange's men from carrying the battle to the Indians; therefore both sides had to be content with long-range fusillades. The troops had the added advantage of their nine-pounder gun. After a short skirmish, Strange ordered his men to retire as it was impossible for him to cross the creek and make a frontal assault. At the same time, the Indians under Big Bear retreated north into the forests around Loon Lake.

The fight of Frenchman's Butte was one of the last military engagements of the rebellion and was as inconclusive as both the Cut Knife Hill and Fish Creek encounters

Le fort Pitt et la poursuite de Gros-Ours

Bien que la plupart des hostilités qui marquèrent la rébellion eurent lieu sur le territoire actuel de la Saskatchewan, les régions plus à l'ouest se sentaient toujours vulnérables, plus particulièrement depuis le massacre du lac de la Grenouille. Par conséquent, le major général Thomas Bland Strange (à la retraite) reçut l'ordre de veiller à la protection de l'Alberta.

Lorsqu'il devint évident que les Pieds-Noirs ne se joindraient pas à Riel, Strange fut dépêché de sa base de Calgary à Edmonton, d'où il pouvait patrouiller les districts périphériques et poursuivre la bande de Gros-Ours, responsable du massacre du lac de la Grenouille. Le 14 mai, Strange et ses hommes partirent pour le fort Pitt en chaland; ils y arrivèrent le 25. Les Indiens venaient à peine de détruire et de saccager le fort dont les ruines fumaient encore quand Strange y parvint. Le 26 mai, le major général envoya des éclaireurs dans l'espoir de repérer les Indiens. Le lendemain, le major Sam Steele l'ayant informé qu'il avait rencontré les rebelles, Strange rassembla la plupart de ses troupes pour se lancer à leur poursuite. Tard le 27, à environ sept milles à l'est du fort Pitt, ils aperçurent l'ennemi « occupant une position très avantageuse sur les versants d'un coteau fortement boisé », d'après Strange (*Gunner Jingo's Jubilee*, p. 482). Après quelques coups de canon, Steele délogea les rebelles. Les Indiens avaient apparemment quitté leur poste et s'étaient avancés jusqu'à la butte aux Français, située à environ deux milles à l'est. Strange les suivit jusqu'à ce que la noirceur le forçât à camper.

Tôt le 28, Strange se remit en marche et trouva le camp des Indiens « qu'environ 700 braves » avaient occupé. Il atteignit une vallée profonde et boisée, large d'environ 600 verges. Au creux de ce ravin coulait un ruisseau qui, de l'avis de Strange, était un affluent de la rivière Red Deer; de l'autre côté, s'élevait une colline où les Indiens s'étaient terrés. C'est là qu'eut lieu la bataille de la butte aux Français. Le ruisseau étant excessivement marécageux, les hommes de Strange ne purent le traverser pour affronter les Indiens, et les deux opposants durent se contenter de fusillades à distance. Les troupes bénéficiaient toutefois de l'avantage que leur procurait un canon à obus de 9 livres. Après une brève escarmouche, Strange ordonna à ses hommes de se retirer, étant donné qu'il était impossible de traverser le ruisseau pour un assaut de front. Pendant ce temps, les Indiens de Gros-Ours se repliaient vers le nord dans les forêts entourant le lac au Huard.

Cette bataille, qui fut l'un des derniers engagements

had been. The pursuit of Big Bear and what remained of his followers was the last military excursion of the rebellion. General Strange, Colonel Otter, General Middleton, and Major Steele all took part in the search for the wily Indian chief in the northern forests; Steele engaged Big Bear in a small skirmish near Loon Lake before turning back to Fort Pitt. Middleton and Strange failed to make contact, and on 2 July Big Bear, having escaped all of the patrols, surrendered at Fort Carlton and thus ended the Rebellion of 1885.

43   Fort Pitt [From: *The Riel Rebellion. 1885*, 1st ed., p. 5]

PRINT: 16.1 × 17.2

Shortly after the Frog Lake massacre, Big Bear and his band moved south to Fort Pitt, which was being defended by Inspector Francis Dickens and a small number of North West Mounted Police. Big Bear's braves made only one short-lived attack on the fort before persuading the inhabitants to give themselves up. Inspector Dickens and his men refused to surrender and escaped downriver under cover of darkness.

This view of Fort Pitt indicates the location and characteristics of the fort better than any other sketch or plan. The buildings are shown and identified by a numeric legend which also indicates the points at which the Indians were camped and where two scouts from the fort were shot. The escape route of the police and other features are also shown.

This view of Fort Pitt appeared in a special issue published by the 'Witness' Printing House in Montreal. The short pamphlet contains numerous illustrations and maps and is remarkably accurate in its reports of events during the rebellion.

militaires de la rébellion, se révéla aussi peu déterminante que celles de Couteau-Coupé et de l'anse aux Poissons. Quant à la poursuite de Gros-Ours et du reste de ses guerriers, ce fut la dernière excursion militaire de la rébellion. Le major général Strange, le colonel Otter, le général Middleton et le major Steele participèrent tous à la recherche de cet astucieux chef indien dans les forêts septentrionales. Steele tenta de prendre Gros-Ours en escarmouche près du lac au Huard avant de retourner au fort Pitt. Middleton et Strange ne purent se mettre en rapport et, le 2 juillet, après avoir échappé à toutes les patrouilles, Gros-Ours se rendit aux occupants du fort Carlton et mit ainsi fin à la rébellion de 1885.

43   [Le fort Pitt. Carte tirée de : *The Riel Rebellion. 1885*, 1re édition, p. 5]

GRAVURE : 16,1 × 17,2

Peu après le massacre du lac de la Grenouille, Gros-Ours et sa bande partirent vers le sud en direction du fort Pitt, que défendaient l'inspecteur Francis Dickens et un petit contingent de la Police montée du Nord-Ouest. Les braves de Gros-Ours ne lancèrent qu'une seule attaque de courte durée avant d'amener les habitants du fort à se rendre. L'inspecteur Dickens et ses hommes refusèrent et s'échappèrent en descendant la rivière à la faveur de la nuit.

Cette vue du fort Pitt indique l'emplacement du fort et ses caractéristiques mieux que tout autre dessin ou plan. Une légende numérique situe et identifie les bâtiments, tout en indiquant les endroits où les Indiens campèrent et où deux éclaireurs du fort furent tués. On voit également la route qu'empruntèrent les policiers pour s'échapper, ainsi que divers autres éléments.

Cette représentation du fort parut dans un numéro spécial publié par les presses du « Witness », à Montréal. La brochure, qui comporte de nombreuses illustrations et cartes, relate de façon remarquablement précise les différents épisodes de la rébellion.

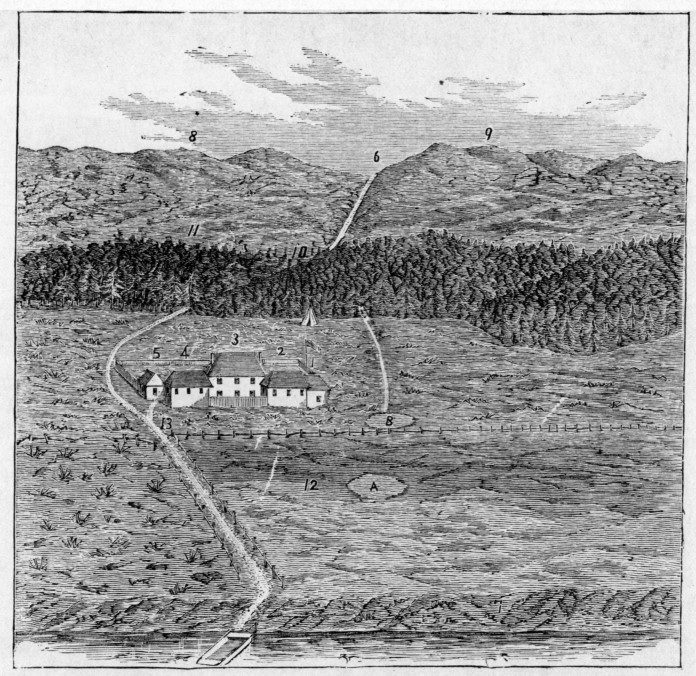

FORT PITT.

1, Barracks, held by police.   2, Fur Store, held by police.   3, Hudson's Bay House, held by Hudson Bay men.   4, Provision Store, held by police.   5, Unoccupied Houses, 6, Trails from Frog Lake, over hills, by which scouts came.   7, River Bank (North Saskatchewan) 200 yards from fort.   8, Brush on hill, 500 yards back of fort.   9, Hills behind which Indians were encamped.   10, Spot where Loasby and his horse were shot, and whence he ran to the fort.   11, Spot where Cowan fell,   12, Ploughed Land.   13, Trail to river by which police retreated.   A, site of Bastion, destroyed by police.   B, site of Stables, destroyed by police.

44   [Scene of the engagement at Frenchman's Butte.]
     T[homas] B[land] S[trange] [From: Thomas Bland
Strange, *Gunner Jingo's Jubilee*, p. 489]

PRINT: 11.2 × 17.7; 1:31,680

In 1893, T.B. Strange published *Gunner Jingo's Jubilee*, in
which he recounted his experiences during the Saskatchewan Rebellion. Included in the book was this crude map,
drawn by Strange himself, of Frenchman's Butte. The scale
of the plan is wildly inaccurate, but the map effectively
illustrates the locations of the troops, the Indian rifle pits,
the wagon corral, and the boats left on the river by the 65th
Regiment as the troops rushed to the scene of the battle.
Strange has also added lines indicating Big Bear's retreat.
One final note of interest lies in Strange's description of the
scene of the battle as 'Frenchman's Butte.' In fact, the
troops had passed the actual site of the butte on their way to
the engagement, which took place a short distance away to
the north.

44   [Scène de l'affrontement à la butte aux Français, de
     Thomas Bland Strange, tirée de son *Gunner Jingo's
Jubilee*, p. 489]

GRAVURE : 11,2 × 17,7 ; échelle de 1/31 680

En 1893, T.B. Strange publia un ouvrage intitulé *Gunner
Jingo's Jubilee* relatant les expériences qu'il avait vécues
pendant la rébellion de la Saskatchewan. On y trouvait
cette carte grossière de la butte aux Français, dressée par
Strange lui-même. Ce plan n'est pas du tout à l'échelle,
mais il indique bien l'emplacement des troupes, des fossés
de tir des Indiens, du barrage de chariots et des bateaux
laissés sur la rivière par le 65ᵉ régiment pressé de se rendre
sur les lieux de la bataille. Strange a aussi ajouté des lignes
indiquant la retraite de Gros-Ours. Il convient enfin de
remarquer que Strange situe la bataille à la butte aux
Français. En fait, les troupes avaient dépassé cet endroit
lorsqu'elles engagèrent le combat, qui eut lieu un peu plus
au nord.

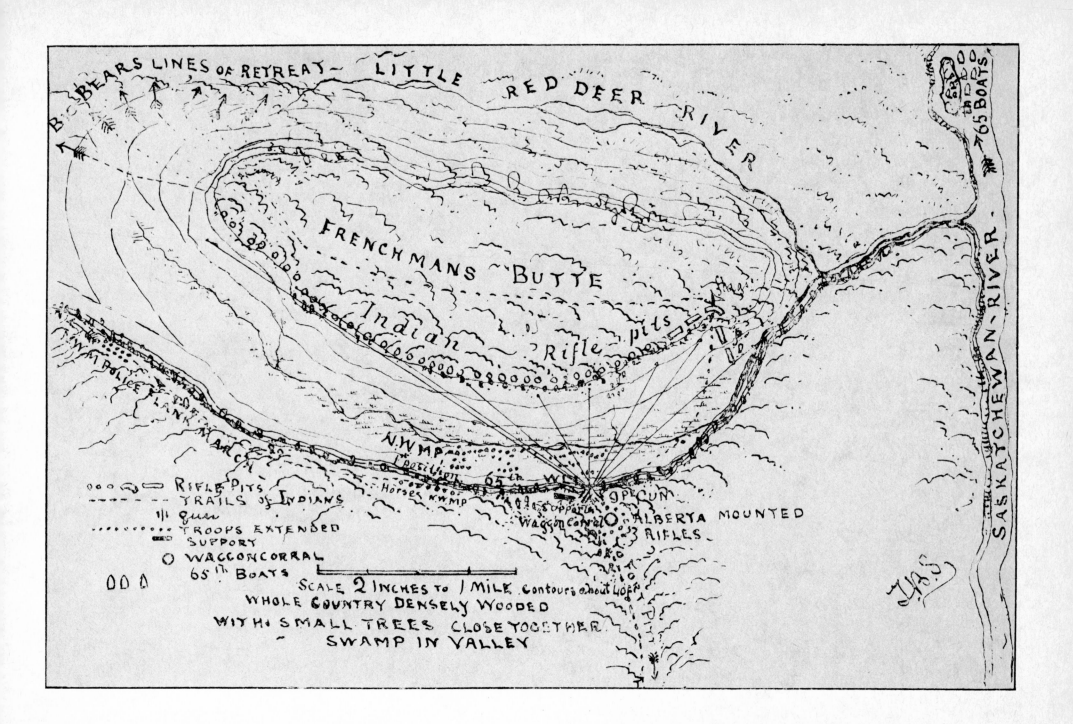

BEARS LINES OF RETREAT — LITTLE — RED DEER — RIVER

765 BOATS

THE NORTH — SASKATCHEWAN — RIVER

FRENCHMANS ~ BUTTE

Indian ~ Rifle ~ pits

N.W.M.P. position

Horses N.W.M.P.

65th W.L.I.

support

Waggon Corral

65th

Gun

ALBERTA MOUNTED RIFLES

N.W. POLICE FLANK N A.C.

RIFLE PITS
TRAILS OF INDIANS
GUN
TROOPS EXTENDED
SUPPORT
WAGGON CORRAL
65th BOATS

SCALE 2 INCHES TO 1 MILE Contours about 40ft
WHOLE COUNTRY DENSELY WOODED
WITH SMALL TREES CLOSE TOGETHER
SWAMP IN VALLEY

45 [The area north of the Saskatchewan in which the search for Big Bear's force was concentrated. Capt. Charles Constantine 1885] [Public Archives of Canada]

COLOURED MANUSCRIPT: 16.5 × 18.5

Following the battle near Frenchman's Butte, Major-General Strange returned to Fort Pitt to reorganize and plan his pursuit of Big Bear. Major Steele of the North West Mounted Police was already on the trail of the Cree chief and was pushing deeper into the northern forest. Meanwhile, General Middleton made his way by steamer to Fort Pitt, where he took over control of Strange's force.

This and the following map, one by Strange himself and the other by Captain Charles Constantine, Adjutant of the Winnipeg Light Infantry, describe the area north of the Saskatchewan in which the search for Big Bear took place.

Constantine's map was drawn as a result of reconnaissance patrols made by him and, accordingly, possesses a reasonable degree of accuracy. Fort Pitt, the scene of Strange's engagement, Loon Lake, and other features are well denoted. Constantine's sketch also shows Big Bear's line of retreat, the route taken by the fleeing Chipewyan Indians, and General Strange's march to the Beaver River.

45 [Région au nord de la Saskatchewan où l'on concentra les efforts pour retrouver la bande de Gros-Ours. Capitaine Charles Constantine, 1885] (Archives publiques du Canada)

MANUSCRIT EN COULEURS : 16,5 × 18,5

Après la bataille livrée près de la butte aux Français, le major général Strange retourna au fort Pitt en vue de réorganiser ses troupes et d'établir un plan pour poursuivre Gros-Ours. Le major Steele, de la Police montée du Nord-Ouest, qui était déjà sur les traces du chef cri, s'enfonçait dans la forêt septentrionale. Dans l'intervalle, le général Middleton se rendit en vapeur au fort Pitt, où il prit la tête des troupes de Strange.

Cette carte et la suivante, l'une tracée par Strange lui-même et l'autre par le capitaine Charles Constantine, adjudant dans la Winnipeg Light Infantry, décrivent la région située au nord de la Saskatchewan, où furent effectuées les recherches pour retrouver Gros-Ours.

La carte dressée par Constantine, à la suite de patrouilles de reconnaissance, est assez exacte. Celui-ci a bien situé le fort Pitt, le théâtre de la bataille livrée par Strange, le lac au Huard, ainsi que d'autres éléments. On y voit aussi la ligne de retraite de Gros-Ours, l'itinéraire suivi par les Chippewyans en fuite et la route empruntée par le général Strange pour se rendre à la rivière du Castor.

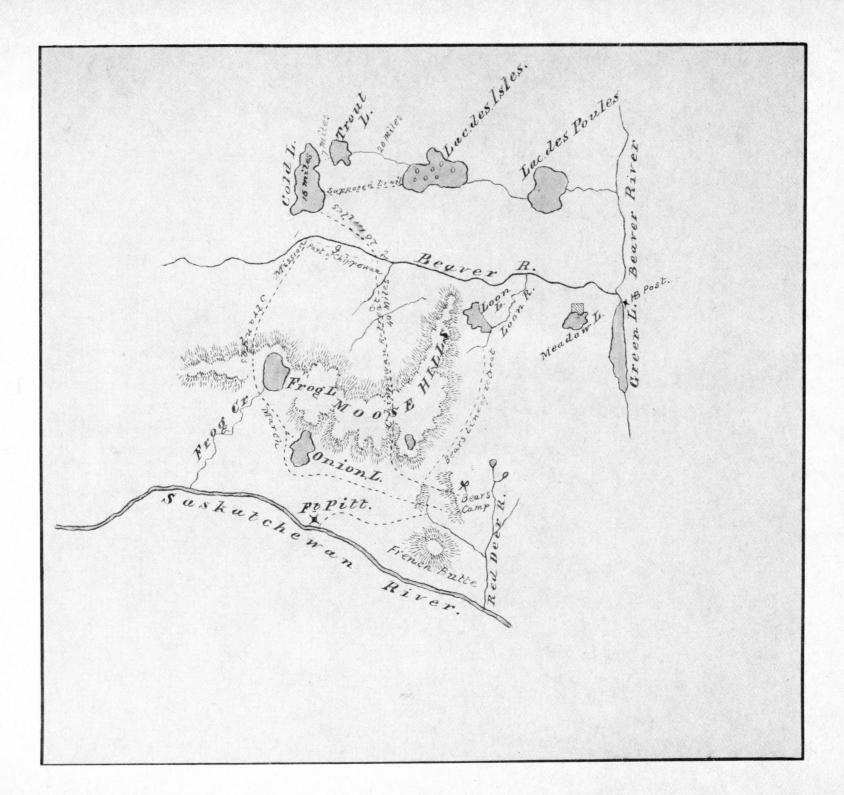

46 [The pursuit of Big Bear] [From: T.B. Strange, *Gunner Jingo's Jubilee*, p. 508]

PRINT: 10.7 × 15.6; [1:2,027,520 approx.]

General Strange's map, although extremely amateurish, delineates the advances made by himself, Otter, Steele, Middleton, and Captain Constantine. Indian reserves, Hudson's Bay Company posts, and the point at which Big Bear surrendered to Sergeant Smart of the mounted police are among the features included.

46 [La poursuite de Gros-Ours. Carte tirée de : T.B. Strange, *Gunner Jingo's Jubilee*, p. 508]

GRAVURE : 10,7 × 15,6; [échelle de 1/2 027 520 (env.)]

La carte dressée par le général Strange, manifestement l'œuvre d'un amateur, décrit cependant assez bien l'avance de ses troupes, ainsi que celle des troupes d'Otter, de Steele, de Middleton et du capitaine Constantine. On aperçoit aussi les réserves indiennes, les postes de la Compagnie de la baie d'Hudson, de même que l'endroit où Gros-Ours s'est livré au sergent Smart de la Police montée du Nord-Ouest.

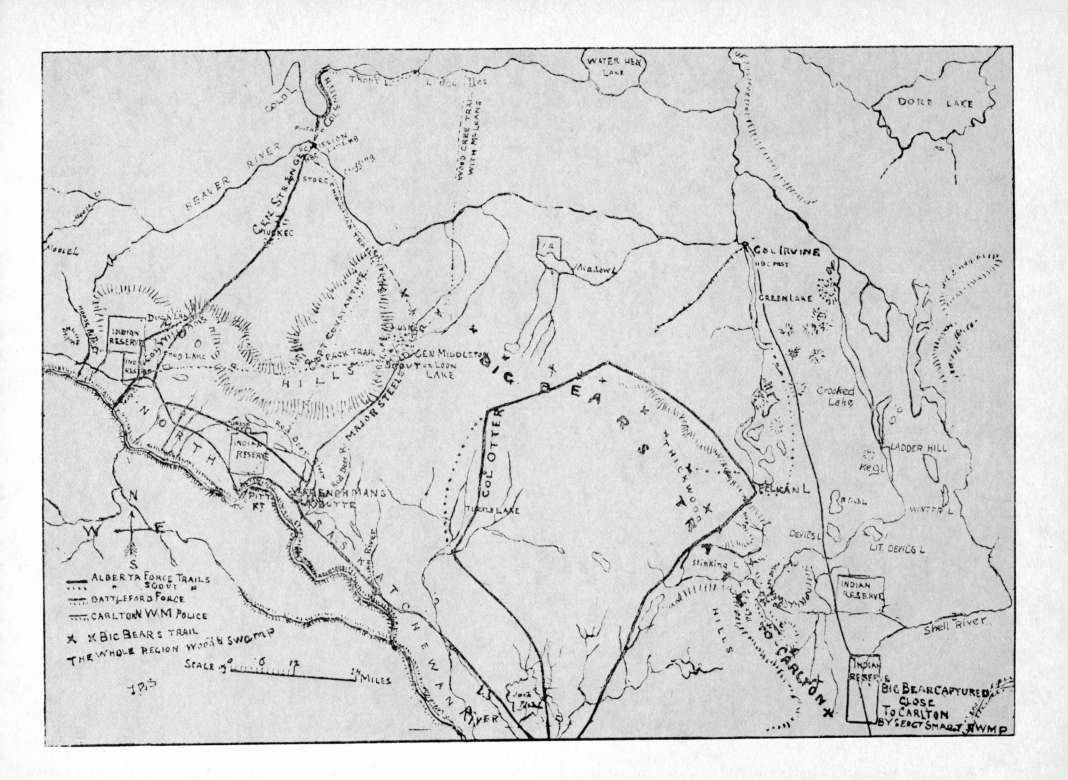

47 Sketch of Loon Lake, etc., shewing the morass which stopped the pursuit of "Big Bear" on June 10th, 1885. H. de H. Haig, Capt. R.E., Del. Canada Bank Note Co., Lith. Plate XIV [From: Canada, Sessional Papers (No. 6), *Report upon the Suppression of the Rebellion in the North-West Territories ...*]

COLOURED PRINT: 33.2 × 23.4; 1:88,704 (approx.)

Shortly after the fight near Frenchman's Butte, Major Steele and approximately sixty mounted men rode after Big Bear in an attempt to rescue the captives taken from Frog Lake and Fort Pitt. On 3 June Steele caught up with part of Big Bear's band at Loon Lake. It was here that the final battle of the 1885 rebellion was fought. While Steele and his men suffered only light casualties as many as twenty of the Indians may have been killed before they retreated across a ford onto a peninsula. Although no maps exist of the engagement proper, the area is shown on Haig's map of Loon Lake.

When news of Steele's engagement reached Middleton, who was following behind, the general made haste and caught up with Steele and his men. On 7 June the combined force reached the scene of Steele's fight and set off in hot pursuit of Big Bear. On the 8th of June Middleton found his way blocked by what he termed 'a muskeg apparently unpassable to us.' Major Steele, however, reported that the muskeg was passable, since the Indians and their captives had obviously crossed it. Middleton, however, thought discretion the better part of valour and returned with his force to Fort Pitt.

Haig's map shows Loon Lake in detail, giving inlet and outlet streams and notes on their depth and width, contour lines, and other physical features. The trail followed by Middleton, his camps and those of the Indians, the impassable 'marsh or muskeg,' and Big Bear's trail are all included. As for his maps of the Fish Creek and Batoche engagements (Maps 21 and 35), Haig has supplemented his cartographic efforts with panoramic or descriptive sketches. The two illustrations included here (overleaf) are referred to on the map by the letters X, Y, and Z and contribute immeasurably to our appreciation of the landscape of the Loon Lake site.

As usual, Haig's map provides excellent detail and is surprisingly accurate. His maps of Loon Lake, Fish Creek, and Batoche make the study of these events much more interesting and help the student to gain a reasonably accurate perspective of the scenes of the battles.

47 Croquis du Lac aux Huards, &c. Montrant le marécage qui a empêché de poursuivre Gros-Ours 10 Juin 1885. H. de H. Haig, Capt. R.E. Del. Canada Bank Note Co., Lith. Planche XIV [Tiré de : Canada, *Documents parlementaires*, nº 6 (1886) : *Rapport sur la répression de l'insurrection dans les Territoires du Nord-Ouest ...*]

GRAVURE EN COULEURS : 33,2 × 23,4; échelle de 1/88 704 (env.)

Peu après le combat aux environs de la butte aux Français, le major Steele et approximativement soixante de ses hommes pourchassèrent Gros-Ours dans l'espoir de libérer les captifs pris au lac de la Grenouille et au fort Pitt. Le 3 juin, le major Steele rattrapa une partie de la bande de Gros-Ours au lac au Huard, théâtre de la dernière bataille de la rébellion de 1885. Steele et ses hommes ne subirent que quelques pertes mais les Indiens perdirent jusqu'à vingt des leurs avant de n'accéder à une péninsule. Aucune carte n'existe de l'engagement comme tel, mais l'endroit paraît sur cette carte du lac au Huard.

Lorsque le général Middleton qui suivait derrière fut informé de l'engagement, il s'empressa de rattraper Steele et ses hommes. Réunis le 7 juin, les deux contingents entreprirent une vive poursuite de Gros-Ours. Le 8 juin, la marche de Middleton fut entravée par ce qu'il appela « un marais apparemment infranchissable » . Le major Steele rapporta cependant que l'obstacle pouvait être franchi puisque les Indiens et leurs captifs l'avaient traversé, de toute évidence, mais Middleton décida d'abandonner le champ à de plus dignes et de retourner au fort Pitt.

On est en présence d'une carte détaillée du lac au Huard et de ses baies et presqu'îles dont quelques notes sur la profondeur et la largeur, les lignes de contour et autres aspects physiques. Y sont inclus la route suivie par Middleton, l'emplacement de ses camps et de ceux des Indiens « le marais ou la fondrière » et la route suivie par Gros-Ours. Comme pour les cartes de l'anse aux Poissons et de Batoche (les cartes nº 21 et nº 35), Haig a enrichi ses cartes d'esquisses panoramiques ou descriptives. Ces deux scènes sont représentées au verso sur la carte par les lettres X, Y, Z et nous aident à visualiser le paysage du lac au Huard.

Comme toutes les cartes de Haig, celle-ci est fort bien détaillée et des plus exactes. Les cartes du lac au Huard, de l'anse aux Poissons et de Batoche rendent l'étude des événements qui s'y déroulèrent beaucoup plus intéressante et donnent à l'étudiant une perspective assez exacte des batailles.

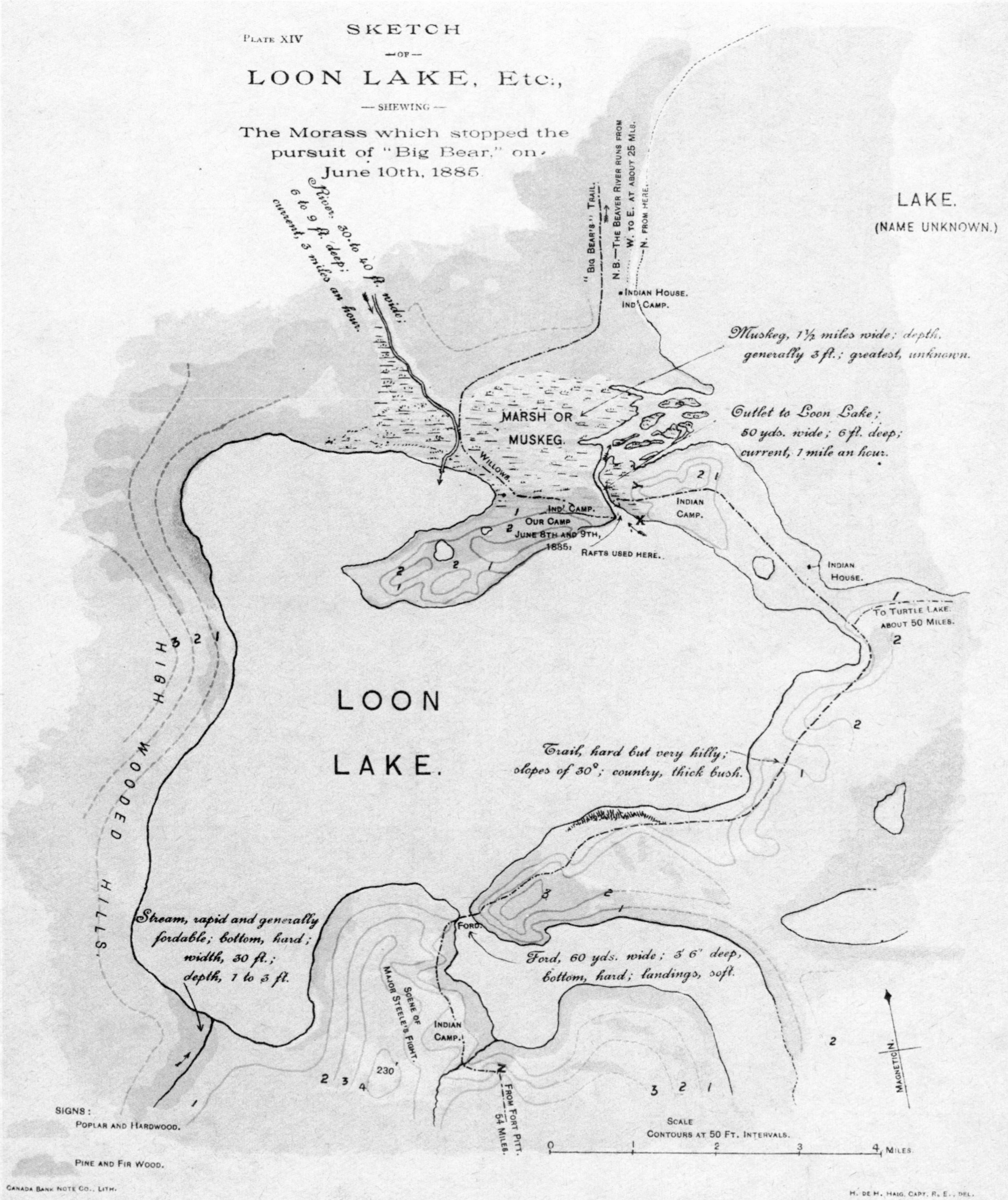

PLATE XIV   SKETCH
— OF —
LOON LAKE, Etc;
— SHEWING —
The Morass which stopped the
pursuit of "Big Bear," on,
June 10th, 1885

LAKE.
(NAME UNKNOWN.)

Muskeg, 1½ miles wide; depth,
generally 3 ft.; greatest, unknown.

Outlet to Loon Lake;
50 yds. wide; 6 ft. deep;
current, 1 mile an hour.

River, 30 to 40 ft. wide;
6 to 9 ft. deep;
current, 3 miles an hour.

N.B.—THE BEAVER RIVER RUNS FROM
W. TO E. AT ABOUT 25 MLS.
N. FROM HERE.

• Indian House.
IND¹ CAMP.

"Big Bear's" Trail.

MARSH OR
MUSKEG.

Willows.

IND¹ CAMP.
Our Camp.
JUNE 8TH AND 9TH,
1885; Rafts used here.

Trail, hard but very hilly;
slopes of 30°; country, thick bush.

Ford, 60 yds. wide; 3' 6" deep;
bottom, hard; landings, soft.

INDIAN
HOUSE.

To Turtle Lake;
ABOUT 50 MILES.

MAGNETIC.

SCALE
CONTOURS AT 50 FT. INTERVALS.

0   1   2   3   4 MILES

H. DE M. HAIG, CAPT. R.E., DEL.

Ford.

FROM FORT PITT,
54 MILES.

LOON
LAKE.

INDIAN
CAMP.

SCENE OF
MAJOR STEELE'S FIGHT.

230

Stream, rapid and generally
fordable; bottom, hard;
width, 30 ft.;
depth, 1 to 3 ft.

H I G H   W O O D E D   H I L L S.

SIGNS:
POPLAR AND HARDWOOD.

PINE AND FIR WOOD.

CANADA BANK NOTE CO., LITH.

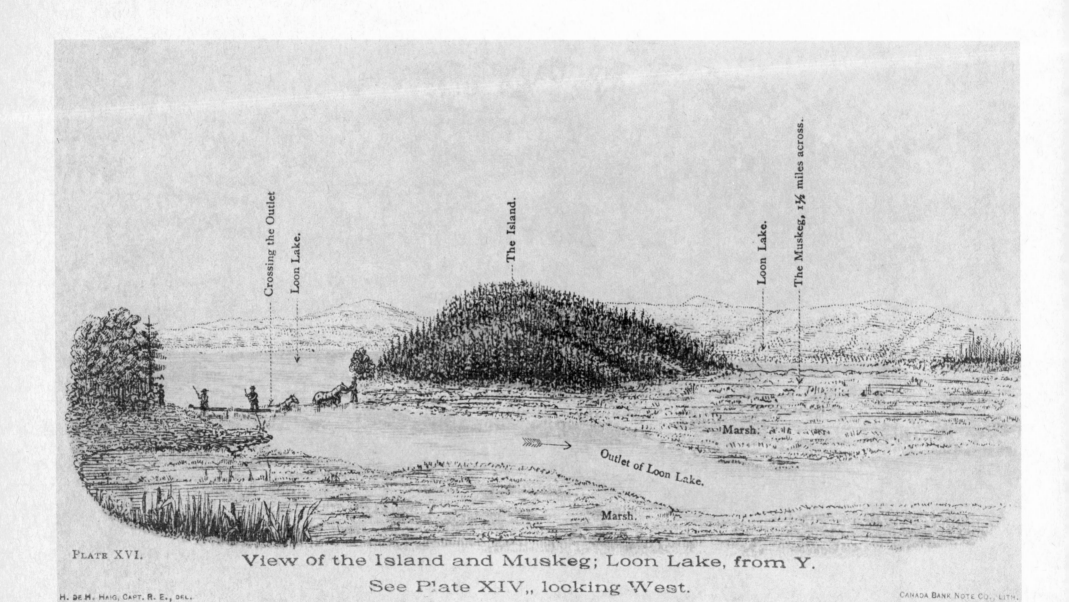

PLATE XVI.

Crossing the Outlet

Loon Lake.

The Island.

Loon Lake.

The Muskeg, 1½ miles across.

Marsh.

Outlet of Loon Lake.

Marsh.

View of the Island and Muskeg; Loon Lake, from Y.
See Plate XIV,, looking West.

H. DE H. HAIG, CAPT. R. E., DEL.

CANADA BANK NOTE CO., LITH.

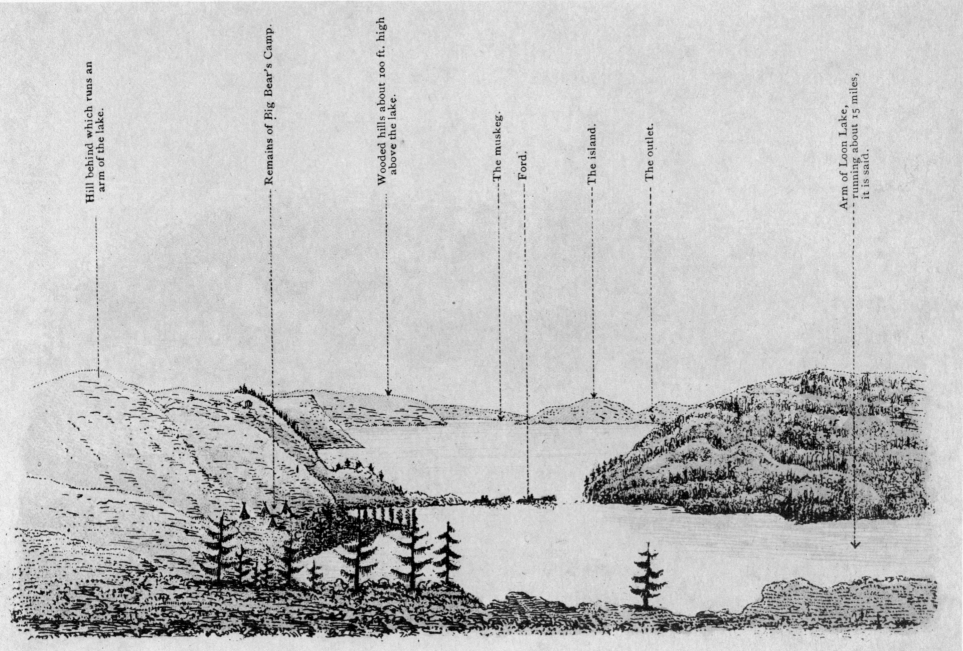

Hill behind which runs an arm of the lake.

Remains of Big Bear's Camp.

Wooded hills about 100 ft. high above the lake.

The muskeg.

Ford.

The island.

The outlet.

Arm of Loon Lake, running about 15 miles, it is said.

CANADA BANK NOTE CO., LITH, MONTREAL.

PLATE XV.

H. DE H. HAIG, CAPT, R.E.

View of the Ford at Loon Lake.

From Z, No. 1, looking North.

It was at this spot that Major Steele came on Big Bear's band, striking their camp on June. 3rd.

*48   [Captain Charles Constantine's trail during the
       pursuit of Big Bear. Capt. Chas. Constantine] [Public
Archives of Canada]

COLOURED MANUSCRIPT: 22.5 × 83.7; [1:126,720 approx.]

Captain Constantine drew this map as a result of a patrol he
made in search of Big Bear's Chipewyan allies.

*48   [Carte du capitaine Charles Constantine indiquant le
       sentier qu'il a suivi dans sa poursuite de Gros-Ours]
(Archives publiques du Canada)

MANUSCRIT EN COULEURS : 22,5 × 83,7; (échelle de
1/126 720 env.)

Cette carte fut dressée par le capitaine Constantine à la suite
d'une patrouille effectuée pour trouver une bande de Chippewyans, alliés des Cris de Gros-Ours.

General Maps Pertaining to the Rebellion of 1885

Since most eastern Canadians were relatively ignorant of the geography of the Northwest, the demand for general maps of the area rose sharply during the rebellion. Interested followers of the events taking place in Saskatchewan wanted to know where places like Fish Creek, Cut Knife Hill, Battleford, and Frog Lake were. As a result, printing houses began to turn out general maps of the Northwest which, in many cases, were simply earlier editions overprinted with the relevant information concerning the rebellion. Other maps, however, were original productions, and several of these went through two editions, which is remarkable considering the short period of time occupied by the rebellion. Other maps were reproduced as many as twenty times in the newspapers and journals of eastern Canada to meet the demand.

These general maps have considerable significance to students of the Saskatchewan Rebellion. They not only serve as reference works for orientation purposes, but also allow us to assume the perspectives of the original users. The conceptions, misconceptions, biases, and interpretations of the region and the event are clearly evident in the maps.

Cartes générales ayant trait à la rébellion de 1885

Au cours de la rébellion, comme la plupart des Canadiens de l'Est ignoraient à peu près tout de la géographie du Nord-Ouest, la demande de cartes générales de la région connut une forte hausse. Ceux qui suivaient les événements de la Saskatchewan voulaient savoir où se trouvaient des endroits comme l'anse aux Poissons, Couteau-Coupé, Battleford ou le lac de la Grenouille. Les imprimeries se mirent donc à produire des cartes générales du Nord-Ouest qui, dans bien des cas, étaient simplement d'anciennes cartes sur lesquelles on avait ajouté les renseignements concernant la rébellion. Toutefois, il y eut également des cartes originales dont plusieurs furent éditées deux fois, fait remarquable si l'on tient compte de la courte durée de la rébellion. Certaines cartes durent même être reproduites jusqu'à vingt fois dans les journaux et revues de l'Est du Canada.

Ces cartes générales revêtent une grande importance pour ceux qui étudient la rébellion de la Saskatchewan. Elles ne servent pas seulement à situer les faits qui ont marqué l'insurrection, mais elles nous permettent aussi de savoir dans quel contexte elles furent d'abord utilisées. Elles traduisent clairement les différentes façons de voir les idées préconçues et les interprétations des contemporains à propos de cette région et des événements qui s'y sont produits.

49   War Map of the North-West. Wiseman Del & Sc.
     Montreal [Public Archives of Canada]

PRINT: 57.5 × 42.0; 1:2,534,400

A reasonably accurate map of the Northwest from Lake
Winnipeg to Medicine Hat. The major Indian reserves are
indicated but are not named. Telegraph lines, trails, and
the CPR line are also shown. Towns such as Battleford,
Prince Albert, and Batoche Crossing are correctly indicated, but Clarke's Crossing is spelled 'Claks Crossing.'
The map succeeds in presenting a good idea of the relationship of one feature to another at the time of the
rebellion. Fish Creek, Cut Knife Hill, and Frenchman's
Butte are not indicated on the map, which must have been
published prior to the action at those points.

Accompanying the map is a table giving the distances
of various points in the Northwest from Winnipeg, and
information concerning the population and character of the
Indians in the various western districts.

49   [Carte du soulèvement dans le Nord-Ouest, par
     Wiseman de Montréal] (Archives publiques du
Canada)

GRAVURE : 57,5 × 42 ; échelle de 1/2 534 400

Carte assez précise du Nord-Ouest et plus particulièrement
de la région s'étendant entre le lac Winnipeg et Medicine
Hat. Les principales réserves indiennes y sont indiquées
sans être nommées. Les lignes télégraphiques, les pistes et
le chemin de fer du Canadien Pacifique sont également
tracés. Battleford, Prince-Albert et la traverse de Batoche
sont indiqués correctement, mais Clarke's Crossing (la
traverse de Clarke) est écrit « Claks Crossing » . La carte
donne une assez bonne idée de la situation de divers endroits les uns par rapport aux autres au moment de la
rébellion. L'anse aux Poissons, Couteau-Coupé et la butte
aux Français n'y figurent pas, ce qui porte à croire que la
carte a été publiée avant les batailles qui ont eu lieu à ces
endroits.

La carte est accompagnée d'une table qui nous donne
les distances entre divers endroits du Nord-Ouest et Winnipeg, ainsi que des renseignements sur la population et le
caractère des Indiens des divers districts de l'Ouest.

WAR MAP OF THE NORTH-WEST.

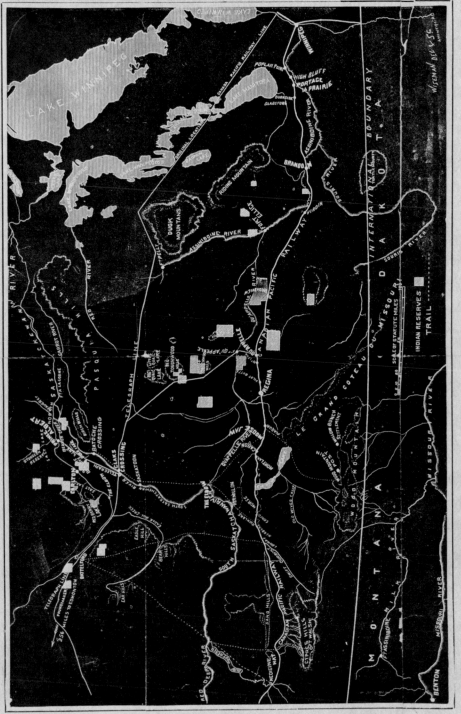

Accompanying the above Map, a few remarks may not be out of place.

The distances of the different places of interest from Winnipeg are as follows:

WINNIPEG TO MOOSE JAW	398 miles.	
" SWIFT CURRENT	510 "	
" MEDICINE HAT	659 "	
" CALGARY	839 "	
QU'APPELLE TO FORT QU'APPELLE	19 "	
" TOUCHWOOD HILLS	46 "	

QU'APPELLE TO HUMBOLDT	141 miles.	
" CLARK'S CROSSING	196 "	
" BATTLEFORD	281 "	
" EDMONTON	337 "	
CLARK'S CROSSING TO PRINCE ALBERT	81 "	
HUMBOLDT TO CARLTON	81 "	

CARLTON TO PRINCE ALBERT	53 miles.	
" BATOCHES CROSSING	18 "	
EDMONTON TO CALGARY	194 "	
BATTLEFORD TO FORT PITT	93 "	
" VICTORIA	222 "	
" FT. SASKATCHEWAN	276 "	
" SWIFT CURRENT	198 "	

The North-West for convenience in management of Indian affairs, is divided into the following districts, viz: INDIAN HEAD, FORT ELLICE, FORT PITT, EDMONTON, CARLTON, and BATTLEFORD.

The number of Indians in these several districts are as follows:—

INDIAN HEAD, 4,540 Indians who either belong to the Cree Nation, or are affiliated with it, with the exception of one band of Assiniboine Sioux numbering 251. This district includes Pie-a-pot with his band, numbering 565 men, and the File Hill Indians, where a rising is reported, numbering 477 souls.

FORT ELLICE DISTRICT represents 1,195 Indian.

In FORT PITT DISTRICT there are 1,230 Indians, including Big Bear and his band numbering 590. This Chief has so far given a great deal of trouble.

EDMONTON DISTRICT numbers 2,915, principally Crees, the balance being Assiniboine Sioux.

CARLTON DISTRICT numbers 1,808, including Beardy and his band of 165. It was at this Chief's reserve that the collision between the Mounted Police and Rebels occurred, and there is little doubt that he has joined in with Riel and the Insurgents, as he was one of the last Chiefs in taking the Treaty, and has been very troublesome, though for several years he and his band worked well on their reserve. His reserve is situated at Duck Lake, distant from Fort Carlton 12 miles, and from Batoche's Crossing of the South Saskatchewan, 6 miles. The reserves in this District are in most cases scattered through the Half Breed settlements, and trouble may therefore be anticipated with them.

BATTLEFORD DISTRICT, Treaty No. 6, numbers 2,453, consisting of 310 Assiniboine Sioux, and 2,143 Cree Indians. About 2,000 of these Indians are within 25 miles of Battleford, and they include some very troublesome bands, such as Poundmaker's, numbering 161, and Little Pine's, numbering 421, but the latter Chief last summer did not join in with Poundmaker and the others, who created the trouble then, and he may possibly be persuaded not to do so this year.

BATTLEFORD DISTRICT, Treaty No. 7, numbers 6,450, so that the total number in this District is 8,887, of these nearly all of them coming under Treaty No. 7, are Blackfeet, and Sarcees, and are located near Fort McLeod and Calgary.

The Total number of Indians in the Province of Manitoba and the North-West is about 34,000.

The Half Breed settlements in the vicinity of Duck Lake are St. Laurent, Batoche, Langevin and Duck Lake, and would number probably about 700 men, but the force now at Prince Albert with the white settlers and English Half Breeds will outnumber them, and no danger may be anticipated from that quarter.

There are, in addition to the above, French Half-breed settlements at the following places, viz: Wood Mountains, Cypress Hills, Edmonton, Lac St. Ann, Big Lake, Lac La Biche, Saddle Lake and Black Mud.

As will be seen by the map, the Indian Reserves and Settlements are scattered through the country and are separated by long distances. This will be of great advantage should the rising be nipped in the bud, but should they obtain temporary successes, as at present seems the case, the rising may become general and this would be of great advantage to the insurgents, as almost all the towns along the railway and elsewhere through the North-West would be menaced at once. This would force the authorities to divide their troops and thus come much trouble.

50　Bishop's North-West War Map. Published by the George Bishop Eng. Ptg. Co., Montreal. Price, 10 cents [Public Archives of Canada]

ILLUSTRATIONS: The Qu'Appelle Valley; Sir John A. Macdonald …; Medicine Hat …; Koriassiswean, Bird Skin, Cree Indian; Maj. Gen. Middleton …; Savage Indian Warfare [showing an Indian scalping a dead soldier]; Louis Riel …; Ne-raip-a-shaw, Sioux brave

PRINT: 36.0 × 51.7 on sheet 80.7 × 57.8; 1:3,484,800

Bishop's war map was one of the most decorative maps published during the rebellion, the illustrations being its most significant feature. The sketch depicting the scalping was sure to raise the blood pressure of a loyal eastern Canadian, and in many ways the view of 'savage Indian warfare' reflects the impression many easterners had of the rebellion. The illustrations were the 'bonuses' one received for buying the map. The portraits of Middleton and Riel were perhaps the only ones of those two men seen by many Canadians. The two Indians pictured are likely fictitious characters drawn to show the public what the rebellious natives looked like.

The map itself is a copy of a CPR map that was used many times by newspapers during the rebellion. Shown is the area from Winnipeg to Edmonton with rail and telegraph lines and trails indicated. All of the sidings along the CPR are named, as well as numerous points in the interior. The fact that the map was made before the rebellion is indicated by the absence of locations such as Fish Creek, Cut Knife Hill, and Frenchman's Butte, and by the fact that Frog Lake is labelled 'Fogg Lake.' The map served to orient the viewer to some extent, but the absences of the above places detracted somewhat from its usefulness.

50　[Carte de Bishop du soulèvement dans le Nord-Ouest, publiée par la George Bishop Eng. Ptg. Co., Montréal. Prix, 10 cents] (Archives publiques du Canada)

ILLUSTRATIONS : [La vallée de la Qu'Appelle; Sir John A. Macdonald; Medicine Hat; Koriassiswean, Peau-d'Oiseau, Indien cri; le major général Middleton; la guerre des « Sauvages » (montrant un Indien scalpant un soldat mort); Louis Riel; Ne-raip-a-shaw, guerrier sioux]

GRAVURE : 36 × 51,7 sur une feuille de 80,7 × 57,8; échelle de 1/3 484 800

Cette carte de guerre, publiée par Bishop, compte parmi les plus attrayantes parues au cours de la rébellion ; elle présente surtout de l'intérêt à cause de ses illustrations. Représentant un Indien en train de scalper une victime, cette carte ne pouvait manquer de soulever l'indignation des loyaux Canadiens de l'Est. Décrivant « la guerre barbare des Indiens » , elle reflète l'impression que plusieurs habitants de l'Est avaient de la rébellion. Les illustrations étaient offertes gratuitement à ceux qui achetaient la carte. Les portraits de Middleton et de Riel furent peut-être les seuls que virent bien des Canadiens. Quant aux deux Indiens, il s'agit sans aucun doute de personnages fictifs destinés à montrer aux gens de quoi avaient l'air les indigènes rebelles.

La carte elle-même est une reproduction de celle du Canadien Pacifique, qui fut utilisée à maintes reprises par les journaux de l'époque. Elle dépeint la région s'étendant entre Winnipeg et Edmonton, y compris les lignes télégraphiques, les lignes de chemin de fer et les pistes. Toutes les voies secondaires longeant la ligne du Canadien Pacifique y sont nommées, ainsi que de nombreux autres points, à l'intérieur des terres. Le fait que l'anse aux Poissons, Couteau-Coupé et la butte aux Français n'y soient pas signalés et qu'on ait écrit « Fogg Lake » au lieu de « Frog Lake » (lac de la Grenouille) indique que cette carte fut dressée avant la rébellion. Elle pouvait orienter dans une certaine mesure ceux qui la consultaient, mais l'absence des endroits susmentionnés en diminuait quelque peu l'utilité.

BISHOP'S NORTH-WEST WAR MAP.

SIR JOHN A. MACDONALD
PREMIER OF CANADA

MEDICINE HAT
COLORED, SOUTH SASKATCHEWAN RIVER

THE QU'APPELLE VALLEY

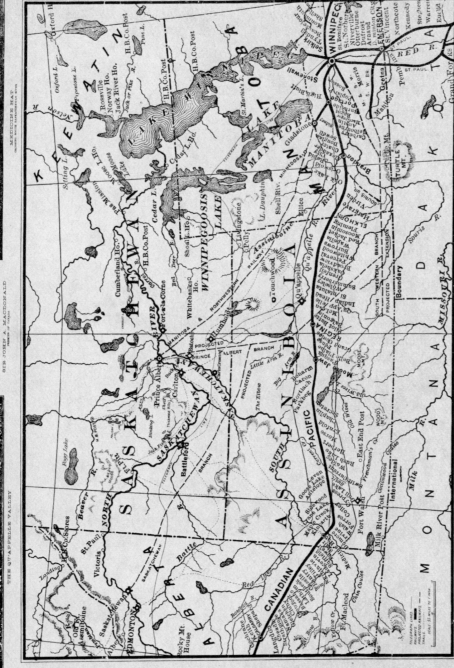

NO. RAID—A. SHAW

LOUIS RIEL

MAJ. GEN. MIDDLETON

POUNDMAKER

PUBLISHED BY THE GEORGE BISHOP ENG'G & PTG. CO.
MONT'AL.

PRICE, 10 CENTS.

51 Map of the Seat of Riel's Insurrection Showing the Connection of Prince Albert with Other Points in the North West ... W.H. Holland, c.e. Ottawa, 31st March, 1885. Second Edition [Public Archives of Canada]

COLOURED PRINT: 45.8 × 60.6; 1:760,320

W.H. Holland, an Ottawa civil engineer, published two editions of this popular map. The first edition appeared on 31 March 1885; the second edition, bearing the same date, was actually published two days later, on 2 April.

Holland's second edition was a great improvement over the first. The same base was used, but the map was printed in colour and more information was added. All of the trails were drawn in red, and mileage between points was given. Certain physical features were amended, and Holland added notes concerning the Duck Lake engagement and the burning of Fort Carlton. Obviously his first map was hastily made to illustrate the area of the rebellion, which was just beginning. The second edition was likely the result of a tremendous increase in public interest due to the developments at Duck Lake.

For the second edition, Holland also included a sheet of 'Useful information respecting the Prince Albert District ...' This sheet contained a description of the country, a table of distances, and notes on the disposition of forces. Holland's second edition was one of the most accurate and popular maps produced during the rebellion.

51 [Carte du siège de l'insurrection de Riel; on y indique les liens entre Prince-Albert et d'autres lieux du Nord-Ouest et elle fut tracée par W.H. Holland, ing. civ., à Ottawa, le 31 mars 1885. Deuxième édition] (Archives publiques du Canada)

GRAVURE EN COULEURS : 45,8 × 60,6; échelle de 1/760 320

W.H. Holland, un ingénieur civil d'Ottawa, a publié deux éditions de cette carte populaire. La première parut le 31 mars 1885; la deuxième, qui porte la même date, fut en fait publiée deux jours plus tard, le 2 avril.

La deuxième édition comporte de nombreuses améliorations. Holland utilisa la même base, mais imprima sa carte en couleurs et y ajouta quelques informations. Il a tracé toutes les pistes en rouge et a ajouté les distances entre les endroits. Il a également modifié certaines particularités physiques et a fourni de plus amples renseignements sur l'engagement du lac aux Canards et l'incendie du fort Carlton. Il est évident qu'il s'était hâté de réaliser sa première carte afin d'illustrer la région où se déroulait la rébellion naissante. La seconde édition répondait sans doute à l'intérêt considérablement accru du public pour les événements de lac aux Canards.

À la seconde édition de sa carte, Holland annexa une feuille renfermant des « Renseignements utiles sur le district de Prince-Albert ... » . On y trouve une description de la région, une table des distances et des notes sur la répartition des effectifs. Cette carte fut l'une des plus exactes et des plus populaires de toutes celles produites pendant la rébellion.

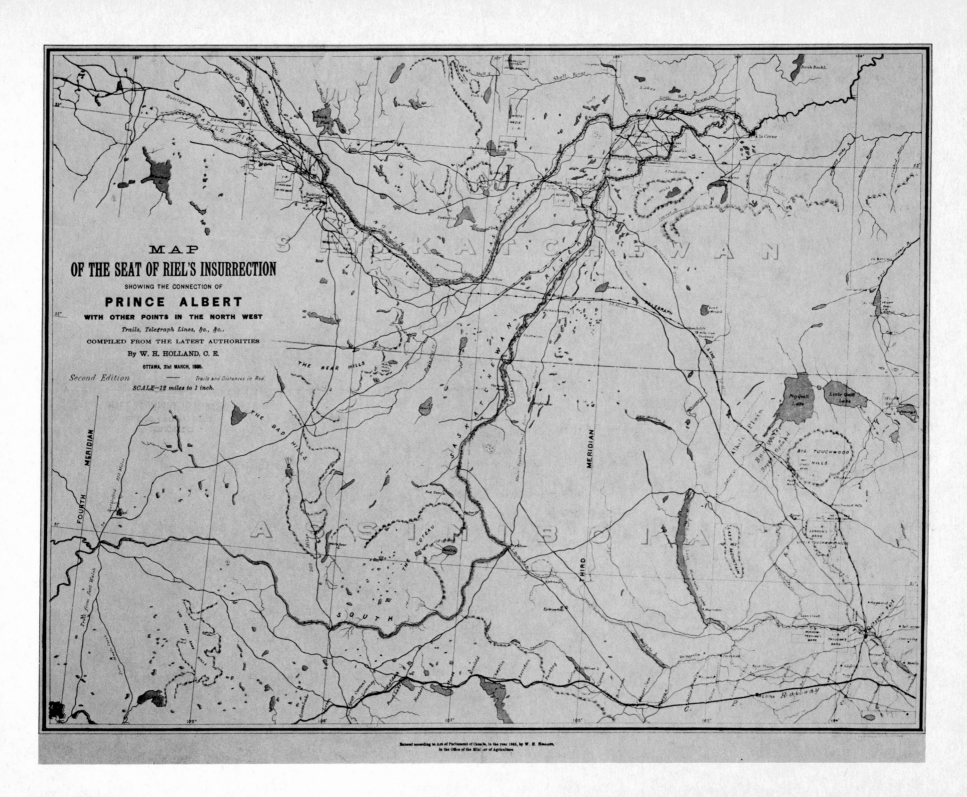

MAP
OF THE SEAT OF RIEL'S INSURRECTION
SHOWING THE CONNECTION OF
PRINCE ALBERT
WITH OTHER POINTS IN THE NORTH WEST
Trails, Telegraph Lines, &c., &c.,
COMPILED FROM THE LATEST AUTHORITIES
By W. H. HOLLAND, C. E.
OTTAWA, 31st MARCH, 1885.

Second Edition ——— Trails and Distances in Red.
SCALE—12 miles to 1 inch.

52 Map of Part of the Dominion of Canada Illustrating the use of the Canadian Pacific Railway in the movement of Troops to quell the North-West Troubles of 1885. By permission of the Can. P. R'y. Co. The Canadian Bank Note Co. Lith. [From: Canada, Sessional Papers (No. 6), *Report upon the Suppression of the Rebellion in the North-West Territories* ...]

INSET: [The world, showing connections with the CPR]: 9.0 × 25.8

COLOURED PRINT: 25.0 × 80.3; 1:7,603,200

This map is probably the most detailed ever made to illustrate the Rebellion of 1885. In fact the Canada Bank Note Co. tried to incorporate so much information onto the map that parts of it are illegible.

The original map was produced by the CPR to indicate the routes of the railway and to describe the country. Most settlements are shown, and various physical features are more or less accurately depicted by hachures and names. To this basic map, the Canada Bank Note Co. added mounted police posts, telegraph lines, trails, Indian reserves, numerous other place names, and a numeric legend. Also indicated beside major settlements are the regiments they contributed to the North-West Field Force and the number of men dispatched. The points at which troops were stationed, hospital locations, sites of engagements, and the routes followed by the various elements of Middleton's command have all been added. The numeric legend gives the names, locations, tribes, and strength of eighty-three Indian bands in the Northwest. The same information is given concerning six non-treaty Indian bands. Two tables of distances were also added.

Appended to the map are two pages of information concerning the North-West Field Force giving the names, headquarters, commanding officers, dates of service, and strength of the individual corps. Notes are also given on the distribution of the troops, engagements, the commissariat, arms and ammunition, and the hospital service. Another column gives the order of events during the rebellion. This additional information and a high standard of accuracy combined to make this the most detailed general map to be printed concerning the rebellion.

52 Carte de partie du Canada Montrant l'usage qu'on a fait du Chemin de Fer Canadien du Pacifique en mobilisant les Troupes pour reprimer l'insurrection du Nord-Ouest en 1885. Par permission de la Cie du C.C.P. Canada Bank Note Co. Lith. [Tirée de : Canada, *Documents parlementaires*, n° 6 (1886), *Rapport sur la répression de l'insurrection dans les Territoires du Nord-Ouest* ..., en regard de la page de titre]

CARTON : (Mappemonde indiquant des points de communication avec la ligne du C.P.) : 9 × 25,8

GRAVURE EN COULEURS : 25 × 80,3 ; échelle de 1/7 603 200

Cette carte est sans doute la plus détaillée de toutes celles qui illustrent la rébellion de 1885. En fait, la Canada Bank Note Co. y a inclus tant de renseignements que certaines parties sont illisibles.

La carte originale a été produite par le Canadien Pacifique pour indiquer le parcours du chemin de fer et décrire la région. La plupart des colonies y figurent, ainsi qu'un grand nombre de détails d'ordre géographique, décrits avec plus ou moins de précision à l'aide de hachures et de noms. À cette carte de base, la Canada Bank Note Co. a ajouté les postes de la Police montée, les lignes télégraphiques, les pistes, les réserves indiennes, divers autres noms d'endroits et une légende numérique. À côté des principales colonies sont indiqués les régiments qu'elles fournirent à la North-West Fired Force et le nombre d'hommes qui en faisaient partie. Les endroits où les troupes étaient stationnées, l'emplacement des hôpitaux et les lieux des engagements, de même que les routes suivies par les diverses troupes sous le commandement de Middleton, furent tous ajoutés à la carte originale. La légende numérique fournit les noms, emplacements, tribus et effectifs de 83 bandes indiennes du Nord-Ouest. Ces mêmes informations sont également données pour six bandes avec lesquelles aucun traité n'avait été signé. De plus, la carte comporte deux tables de distances.

On a annexé à cette carte deux pages de renseignements sur la North-West Field Force : on y trouve les noms, quartiers généraux, commandants, dates de service et effectifs des divers corps. Il y a aussi des notes sur la répartition des troupes, les engagements, le commissariat, les armes, les munitions et l'infirmerie. Dans une autre colonne, les événements de la rébellion sont décrits en ordre chronologique. En raison de ces renseignements supplémentaires et de la très grande précision des données, il s'agit de la carte générale la plus détaillée qu'on ait imprimée pendant la rébellion.

MAP
OF PART OF THE
DOMINION OF CANADA
Illustrating the use of the
Canadian Pacific Railway in the movement of
Troops to quell the
North-West Troubles in 1885.
By permission of the Can. P. R'y Co.

REFERENCE TO TREATY INDIANS' RESERVATIONS.

TABLE OF DISTANCES.

TABLE OF
COMPARATIVE DISTANCES.

*53 Map of the seat of rebellion showing route of troops and progress of Canadian Pacific Railway construction work. Grip Co. Eng. [From: *The Evening Telegram* (Toronto), Saturday, 4 April 1885, p. 5]

PRINT: 31.5 × 44.0

This map includes a graph indicating progress made on CPR construction. Miles of track laid, graded, and completed are noted. Information on troop movements as of 4 April is also given.

*54 War map of the North West Territories. Showing the districts where the rebellion has occurred and where trouble is feared. The Burland Lithographic Co. Montreal. Entered according to the Act of Parliament of Canada, in the year 1885, by the Burland Lithographic Company, in the Office of the Minister of Agriculture [Public Archives of Canada]

PRINT: 31.4 × 47.5; 1:2,534,400

This map probably appeared shortly after the Duck Lake engagement. Frog Lake has been delineated but is not named.

*55 Map of part of North-West Territory shewing the locality of the Half-Breed Rebellion, the Canadian Pacific Railway, the Roads, Trails and Telegraph Lines. Published by the Canada Bank Note Co., Lim., Montreal. Canada Bank Note Co., Photo Lith. 526 Craig Street, Montreal [Public Archives of Canada]

INSET: Reduced map shewing route to Winnipeg and North-West via Canadian Pacific Rail: 8.7 × 25.3

PRINT: 36.0 × 61.7; 1:2,154,240

The cover of this folded map bears the additional title 'The Half-Breed Rebellion! Pocket map of the North-West Territories.' The map also includes a table of distances.

*53 [Carte du siège de la rébellion; on y indique l'itinéraire des troupes et les progrès de la construction du chemin de fer du Canadien Pacifique. Gravure de la Grip Co. Tirée de : *The Evening Telegram*, Toronto, samedi, le 4 avril 1885, p. 5]

GRAVURE : 31,5 × 44

Cette carte comporte un graphique où l'on montre l'état des travaux de construction pour le chemin de fer du Canadien Pacifique. On y indique le nombre de milles de voie posée, le nombre de milles de voie aménagée et le nombre de milles de voie complétée. On y trouve aussi des renseignements sur les mouvements des troupes au 4 avril.

*54 [Carte du soulèvement au Nord-Ouest; y sont inscrits les lieux de la rébellion et ceux où l'on craignait des troubles. The Burland Lithographic Co., Montréal. Enregistrée conformément à l'Acte du Parlement du Canada, en l'année 1885, par la Burland Lithographic Company, au bureau du ministre de l'Agriculture] (Archives publiques du Canada)

GRAVURE : 31,4 × 47,5 ; échelle de 1/2 534 400

Cette carte a probablement été publiée peu après la bataille du lac aux Canards. Le lac de la Grenouille y figure, mais n'est pas nomme.

*55 [Carte d'une partie des Territoires du Nord-Ouest avec le lieu de la rébellion des Métis, le chemin de fer du Canadien Pacifique, les routes, les pistes et les lignes télégraphiques. Publiée par la Canada Bank Note Co., Lim., Montréal. Canada Bank Note Co., Photo Lith., 526, rue Craig, Montréal] (Archives publiques du Canada)

CARTON : [Carte réduite indiquant la route vers Winnipeg et le Nord-Ouest, par le Canadien Pacifique] ; 8,7 × 25,3

GRAVURE : 36 × 61,7 ; échelle de 1/2 154 240

La page de couverture de cette carte, publiée sous forme de dépliant, porte en sous-titre : « The Half-Breed Rebellion ! Pocket map of the North-West Territories » (Rébellion des Métis ! Carte de poche des territoires du Nord-Ouest). La carte comporte aussi une table des distances.

*56 Map shewing the seat of the Rebellion in the North-West and the route from Winnipeg. Issued in connection with "Waghorn's Time Table and Monthly Diary". March 1885. C.S. Lott. Delt. [Public Archives of Canada]

PRINT: 31.7 × 49.0; 1:1,584,000

This map is very possibly the first map to be printed as a result of the outbreak of the rebellion. A second edition appeared in late March.

*57 Map shewing the seat of the Rebellion in the North-West. 2nd Edition. Published in connection with "Waghorn's Time Table & Diary" Winnipeg. Mar. 30th 1885. C.S. Lott delt. [Public Archives of Canada]

INSET: Key-map shewing position of Rebellion with regard to Winnipeg and the C.P.R.: 8.5 × 18.5

PRINT: 43.2 × 42.8; 1:823,680

This second edition of Lott's map (Map 56) represents a great improvement over the first and concentrates on the area that was to become the centre of hostilities.

*58 Map shewing the seat of the insurrection in the North-West Territories Published by the Bishop Eng. & Ptg. Co. Winnipeg [Public Archives of Canada]

COLOURED PRINT: 40.4 × 76.0; [1:2,027,520 approx.]

This map by the Bishop Co. is very similar to the two editions drawn by C.S. Lott (Maps 56 and 57) and may be a copy of his work.

*56 [Carte indiquant le siège de la rébellion du Nord-Ouest et la route depuis Winnipeg. Publiée en rapport avec le Waghorn's Time Table and Monthly Diary, mars 1885. Dessin de C.S. Lott] (Archives publiques du Canada)

GRAVURE : 31,7 × 49; échelle de 1/1 584 000

Cette carte est très probablement la première à avoir été imprimée après l'éclatement de la rébellion. Une deuxième édition parut à la fin de mars.

*57 [Deuxième édition de la carte indiquant le siège de la rébellion du Nord-Ouest. Publiée en rapport avec le Waghorn's Time Table & Diary, Winnipeg, 30 mars 1885. Dessin de C.S. Lott] (Archives publiques du Canada)

CARTON : [Carte-index situant la rébellion par rapport à Winnipeg et au chemin de fer du C.P.]; 8,5 × 18,5

GRAVURE : 43,2 × 42,8; échelle de 1/823 680

Cette seconde version de la carte de Lott (carte nº 56), nettement meilleure, représente la région qui devait devenir le centre des hostilités.

*58 [Carte indiquant le siège de l'insurrection dans les Territoires du Nord-Ouest. Publiée par la Bishop Eng. & Ptg. Co., Winnipeg] (Archives publiques du Canada)

GRAVURE EN COULEURS : 40,4 × 76; (échelle de 1/2 027 520 env.)

Cette carte, publiée par la maison Bishop Co., ressemble beaucoup aux deux versions réalisées par C.S. Lott (les cartes nº 56 et nº 57); elle a peut-être été copiée sur celles-ci.

59 Winnipeg to district of Riel's Rebellion. Alexander, Clare & Cable Mail Bldg. Toronto. Second Edition [Public Archives of Canada]

INSET: Route of troops to Winnipeg: 20.0 × 55.3

PRINT: 33.5 × 78.1

This large map was one of the best and most accurate maps produced during the rebellion. The inset details the amount of track completed on the CPR above Lake Superior.

*60 Position of the various commands in the North West. The Burland Lithographic Co. Montreal [From: *The Toronto Daily Mail*, Wednesday, 13 May 1885, p. 2]

PRINT: 16.0 × 21.4

The positions of the government forces as of early May are indicated on this map published by a Toronto newspaper.

*61 The Canadian North-West. The Burland Lithographic Co. Montreal [Public Archives of Canada]

PRINT: 21.0 × 32.4; 1:3,801,600

This map appeared in a large number of eastern Canadian newspapers during the course of the rebellion and is one of the best known of all general maps dealing with the rebellion.

59 [Winnipeg et le théâtre de la rébellion de Riel. Alexander, Clare & Cable Mail Building, Toronto, 2ᵉ édition] (Archives publiques du Canada)

CARTON : [Parcours des troupes jusqu'à Winnipeg] ; 20 × 55,3

GRAVURE : 33,5 × 78,1

Cette grande carte est l'une des meilleures et des plus précises qui aient été publiées pendant la rébellion. Le carton montre jusqu'où se rendait la voie du Canadien Pacifique passant en haut du lac Supérieur.

*60 [Position des divers commandements dans le Nord-Ouest. Burland Lithographic Co., Montréal. Carte tirée de : *The Toronto Daily Mail*, mercredi, 13 mai 1885, p. 2]

GRAVURE : 16 × 21,4

Cette carte, publiée par un journal de Toronto, indique les positions des troupes gouvernementales au début de mai.

*61 [Le Nord-Ouest canadien. The Burland Lithographic Co., Montréal] (Archives publiques du Canada)

GRAVURE : 21 × 32,4 ; échelle de 1/3 801 600

Cette carte, parue dans un grand nombre de journaux de l'Est du Canada au cours de la rébellion, est l'une des mieux connues de toutes les cartes générales portant sur cet événement.

WINNIPEG TO DISTRICT OF RIEL'S REBELLION.

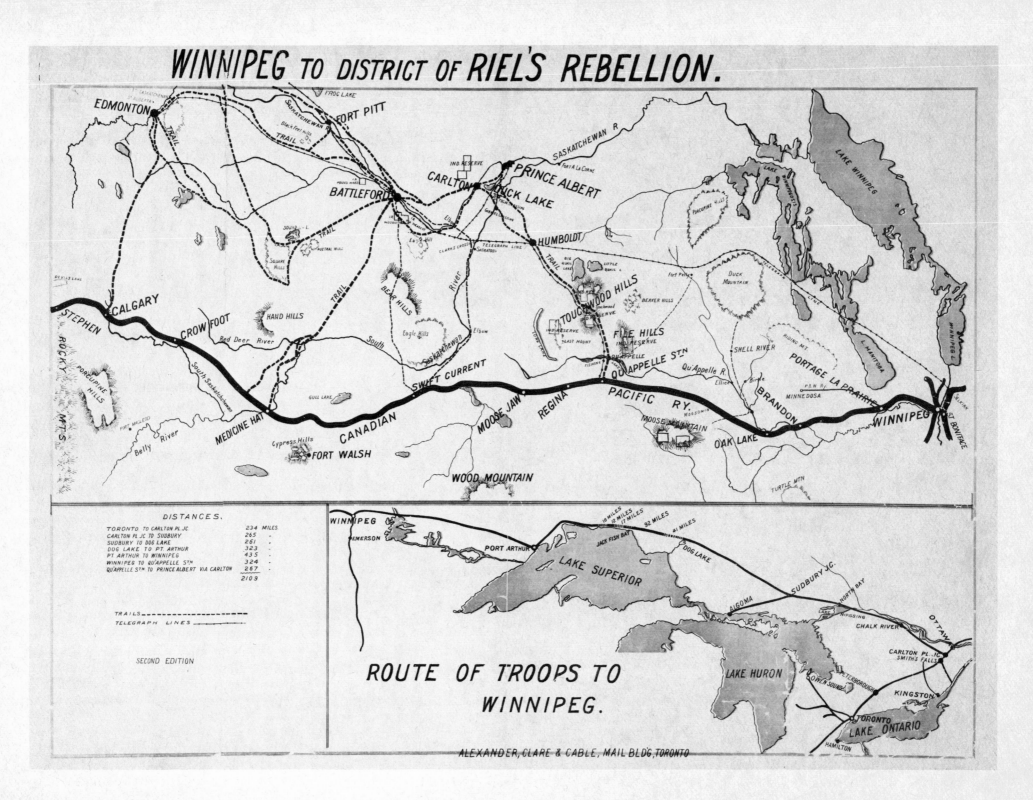

DISTANCES.

TORONTO TO CARLTON PL JC.	234 MILES
CARLTON PL JC TO SUDBURY	265 "
SUDBURY TO DOG LAKE	261 "
DOG LAKE TO PT. ARTHUR	323 "
PT. ARTHUR TO WINNIPEG	435 "
WINNIPEG TO QU'APPELLE STN	324 "
QU'APPELLE STN TO PRINCE ALBERT VIA CARLTON	267 "
	2109

TRAILS ----------

TELEGRAPH LINES ————

SECOND EDITION

ROUTE OF TROOPS TO WINNIPEG.

ALEXANDER, CLARE & CABLE, MAIL BLDG, TORONTO

103

62 (left) Map showing Fort Pitt and scene of Frog Lake
    Massacre [From: C.P. Mulvaney, *The History of the
    North West Rebellion of 1885*, p. 402]

PRINT: 15.1 × 10.7

63 (right) Map of the scene of the battles of Duck Lake,
    Fish Creek, and Batoche [From: C.P. Mulvaney,
    North West Rebellion, p. 195]

PRINT: 13.1 × 9.1

Although these two maps lack cartographic exactitude they
provide effective orientation for their respective areas.

62 (à gauche) [Carte présentant le fort Pitt et la scène
    du massacre du lac de la Grenouille. Tirée de : C.P.
    Mulvaney, *The History of the North West Rebellion of
    1885*, p. 402]

GRAVURE : 15,1 × 10,7

63 (à droite) [Carte illustrant les batailles du lac aux
    Canards, de l'anse aux Poissons et de Batoche. Tirée
    de : C.P. Mulvaney, *The History of the North West Re-
    bellion of 1885*, p. 195]

GRAVURE : 13,1 × 9,1

Ces deux cartes ne sont pas très exactes, mais elles donnent
une idée générale des régions représentées.

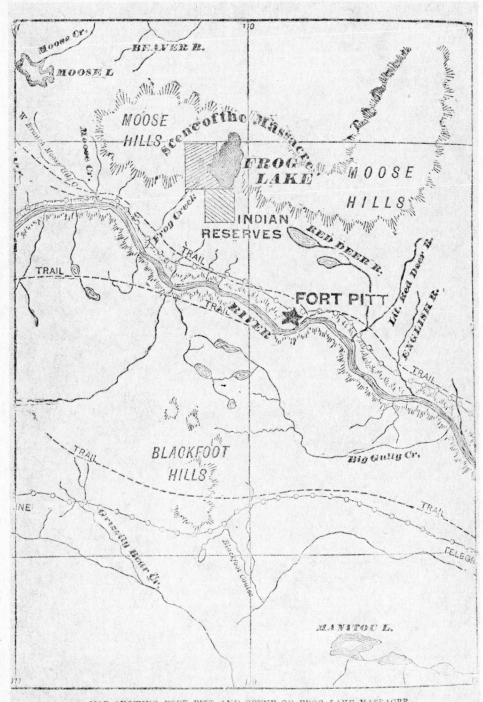

MAP SHOWING FORT PITT AND SCENE OF FROG LAKE MASSACRE.

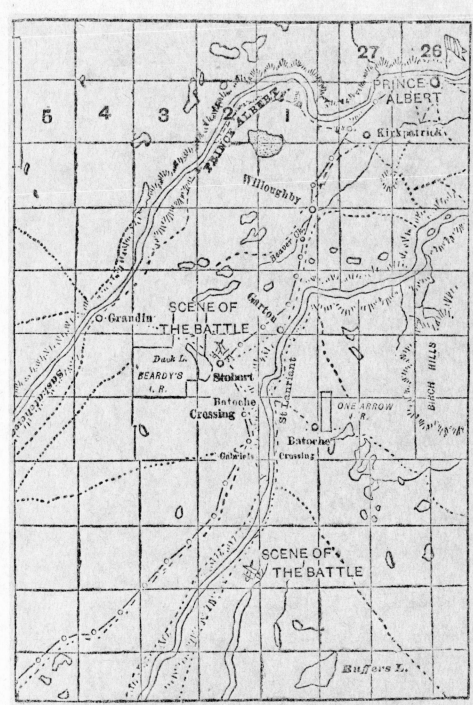

MAP OF THE SCENES OF THE BATTLES OF DUCK LAKE, FISH CREEK, AND BATOCHE.

Conclusion

William F. Ganong, a great believer in the use of historical maps, has stated: 'Maps are the graphic records of the influence which geography has exerted upon the course of history, of the progress of exploration and settlement, of the evolution of present day political boundaries; and not rarely they contribute new knowledge where other records are wanting and settle questions which without them would remain in doubt.' (W.F. Ganong, 'A Monograph of the Cartography of the Province of New Brunswick,' *Transactions of the Royal Society of Canada*, Section II, 1897, p. 313.)

The maps reproduced and listed in this volume support Ganong's statement. By studying the efforts of the civilian and military map makers charged with recording cartographically the events of the two Riel insurrections, one can observe the graphic birth of Manitoba and the formation of present-day patterns of western Canadian society. Furthermore, these maps reflect the biases, assumptions, and opinions of Canadians during the two rebellions and, as a result, allow the present-day user to assume the contemporary perspectives. The ability to examine historical events through the eyes of contemporary viewers is critical to the study of history; historical maps, such as those described here, combined with written and photographic works, enable the modern student to assume these perspectives much more readily.

The Red River Rising of 1869/70 and the Saskatchewan Rebellion of 1885 are only two of many historical events that can be graphically illustrated with historical maps. It is sincerely hoped that this book will provide an impetus towards a greater use of historical cartography in the study and description of other aspects of Canadian history. It should be noted, however, that early maps cannot be effectively used without the contributions of textual and photographic records. By the same token, however, the cartographic records that do exist should not be ignored.

Conclusion

Selon William F. Ganong, grand partisan de l'emploi des cartes historiques, « les cartes montrent de façon graphique l'influence que la géographie a exercée sur le cours de l'histoire, ainsi que les progrès de l'exploration et de la colonisation, et retracent l'histoire des frontières politiques actuelles ; elles permettent souvent, par les informations qu'elles fournissent, de combler des lacunes et de trancher des questions restées sans réponse. » (Traduit de : « A Monograph of the Cartography of the Province of New Brunswick » , *Mémoires de la Société royale du Canada*, IIe section, 1897, p. 313.)

Les cartes reproduites ou mentionnées dans le présent catalogue attestent la vérité de ces observations. Les travaux des cartographes civils ou militaires chargés de relater les faits qui ont marqué les deux soulèvements de Riel nous font assister à la formation du Manitoba et montrent comment se sont constitués les modes de vie actuels des habitants de l'Ouest canadien. Ces cartes traduisent en outre les façons de voir et de penser des Canadiens au cours des deux soulèvements et permettent aujourd'hui à l'historien de se replacer dans le contexte de l'époque. La possibilité de voir des événements historiques avec les yeux de contemporains constitue un atout précieux pour ceux qui s'intéressent à l'histoire ; en se servant de cartes historiques comme celles décrites ici, d'écrits et d'œuvres photographiques portant sur le sujet, ils peuvent beaucoup plus facilement se plonger dans le contexte historique.

L'insurrection de la Rivière-Rouge, en 1869–1870, et la rébellion de la Saskatchewan, en 1885, ne sont pas les seuls événements qui peuvent être illustrés à l'aide de cartes historiques. Nous souhaitons vivement que ce catalogue encourage l'utilisation de la cartographie historique pour l'étude et la description d'autres aspects de l'histoire du Canada. Il faut cependant remarquer que l'emploi des cartes anciennes, si important soit-il, doit s'accompagner de l'étude des œuvres écrites ou photographiques. On ne doit pas pour autant négliger l'apport des documents cartographiques.

Select Bibliography

Begg, Alexander, and Nursey, Walter R. *Ten Years in Winnipeg*. Winnipeg: Times Printing and Publishing House, 1879

Boulton, Major Charles A. *Reminiscences of the North West Rebellions*. Toronto: Grip Printing and Publishing Co., 1886

Cameron, William Bleasdell. *The War Trail of Big Bear*. London: Duckwork, 1926

Canada, Sessional Papers (No. 6). *Report upon the Suppression of the Rebellion in the North-West Territories and Matters in Connection Therewith, in 1885*. Ottawa: Queen's Printer, 1886

Huyshe, Captain George Lightfoot. *The Red River Expedition*. London and New York: Macmillan and Co., 1871

Morton, Desmond. *The Last War Drum*. Toronto: Hakkert, 1972

Mulvaney, Charles Pelham. *The History of the North West Rebellion of 1885*. Toronto: A.H. Hovey & Co., 1885

Riel Rebellion. 1885, The. 1st ed. Montreal: 'Witness' Printing House, n.d.

Stanley, George F.G. *The Birth of Western Canada: A History of the Riel Rebellions*, rev. ed. Toronto: University of Toronto Press, 1961

Strange, Thomas Bland. *Gunner Jingo's Jubilee*. London: Remington & Co. Ltd., 1893

Bibliographie sélective

Begg, Alexander et Walter R. Nursey. *Ten Years in Winnipeg*. Times Printing and Publishing House, Winnipeg, 1879.

Boulton, Major Charles A. *Reminiscences of the North West Rebellions*. Grip Printing and Publishing Co., Toronto, 1886.

Cameron, William Bleasdell. *The War Trail of Big Bear*. Duckwork, Londres, 1926.

Canada, *Documents parlementaires* (nº 6). *Rapport sur la répression de l'insurrection dans les Territoires du Nord-Ouest et questions connexes, 1885*. Imprimeur de la Reine, Ottawa, 1886.

Huyshe, Captain George Lightfoot. *The Red River Expedition*. Macmillan and Co., Londres et New York, 1871.

Morton, Desmond. *The Last War Drum*. Hakkert, Toronto, 1972.

Mulvaney, Charles Pelham. *The History of the North West Rebellion of 1885*. A.H. Hovey & Co., Toronto, 1885.

Riel Rebellion. 1885, The. Première édition. « Witness » Printing House, Montréal, s.d.

Stanley, George F.G. *The Birth of Western Canada : A History of the Riel Rebellions*. Édition revue. University of Toronto Press, Toronto, 1961.

Strange, Thomas Bland. *Gunner Jingo's Jubilee*. Remington & Co. Ltd., Londres, 1893.